U0532769

拉美之声

[阿根廷] 丹尼尔·菲尔穆斯 著
丁波文 译

PRESIDENTES：
VOCES DE
AMÉRICA LATINA

图书在版编目（CIP）数据

拉美之声 / （阿根廷）丹尼尔·菲尔穆斯著 ; 丁波文译. -- 北京 : 五洲传播出版社, 2025. 4. -- ISBN 978-7-5085-5279-8

Ⅰ. K73

中国国家版本馆CIP数据核字第2024MG1860号

本书获得阿根廷华文教育基金会的出版资助。
本书系"2022年度北京市属高校教师队伍建设支持计划优秀青年人才"项目成果。

拉美之声

出 版 人：关　宏
责任编辑：刘婷婷
著　　者：〔阿根廷〕丹尼尔·菲尔穆斯
译　　者：丁波文
排版设计：青芒时代　张伯阳
出版发行：五洲传播出版社
地　　址：北京市海淀区北三环中路31号生产力大楼B座6层
邮　　编：100088
电　　话：010-82005927　82007837(发行部)
网　　址：http://www.cicc.org.cn　http://www.thatsbooks.com
印　　刷：北京圣彩虹科技有限公司
开　　本：880mm*1230mm　1/32
字　　数：150千字
版　　次：2025年4月第1版第1次印刷
印　　张：6.75
定　　价：68.00元

目 录

序言
巴西联邦共和国总统 卢拉·达席尔瓦

对话丹尼尔·菲尔穆斯
郭存海

PART 01 阿根廷
克里斯蒂娜·费尔南德斯 // 33

PART 02 玻利维亚
埃沃·莫拉莱斯 // 50

PART 03 巴西
卢拉·达席尔瓦 // 68

PART 04 哥伦比亚
阿尔瓦罗·乌里韦 // 86

PART 05 哥斯达黎加
奥斯卡·阿里亚斯　　// 104

PART 06 厄瓜多尔
拉斐尔·科雷亚　　// 120

PART 07 尼加拉瓜
丹尼尔·奥尔特加　　// 135

PART 08 巴拉圭
费尔南多·卢戈　　// 150

PART 09 乌拉圭
塔瓦雷·巴斯克斯　　// 163

PART 10 委内瑞拉
乌戈·查韦斯　　// 181

序言

为本书中文版撰写序言，我深感荣幸。在本书中发声的各位总统，可以说是拉丁美洲历史上最美好的一段时光的主角。那十年的变革，深刻地改变了拉丁美洲数百万人的生活，其影响延续至今。

世纪之交，我们一批在争取民主和社会正义的斗争中磨砺出来的男女斗士，面对着巨大的挑战，登上了各国总统之位。我们要做的是彻底改变国家的经济与社会结构，因为它是导致我们大多数民众深陷贫困与社会排斥之苦的根源所在。

拉丁美洲是世界上最不平等的地区。改变其既有结构需要面对强大的国际和国内既得利益壁垒。然而，我们各位总统的出色能力与勇气，加之广大民众的坚定支持，让变革成为了可能。这一时期宏观经济与社会数据的改善，让我们看到在近几十年中拉丁美洲大陆首次同时实现了经济增长和贫困率下降。

那一时期，为了取得这样的成就，我们这些改革进程中的领导者和本地区的民主国家都付出了高昂的代价。通过暗箱操作，建制派力量推翻了我们的变革型政府。

在巴西、巴拉圭、玻利维亚、厄瓜多尔、阿根廷和洪都拉斯，身为变革领导者的我们，一直身处法律高压之下。面对司法系统不公平的操作，我们被冤枉，蹲监狱，甚至流亡海外。

然而，压力再大也改变不了我们的信念和民众对我们的爱戴与赞誉。带着这份信念和民众的支持，我们才成功地在巴西恢复了民主，才有可能继续进行我们迫切需要的变革。

我国也重新回到了世界舞台,担任了G20轮值主席国,并将在亚马逊地区召开《联合国气候变化框架公约》第三十次缔约方大会。面对危机中的世界,巴西履行了自己的角色和责任。因前任政府选择了自我孤立,成为世界的弃儿,巴西经历了一段寒冬。但是如今我们已经走出低谷,并再次提出了建立一个更加公平的世界的愿景。

通过丹尼尔·菲尔穆斯的精彩访谈,大家能够了解到我们每一个人的成长轨迹、所经历的斗争以及我们心中的激情与热血。我们从人民中来,经过了斗争,遭遇过迫害,在政治建设道路上克服了重重挑战,才最终站到了引领我们民族命运的舞台。

我满怀敬意与温情,怀念他们每一个人。尤为难忘的是,我们曾经一起召开的那些漫长的会议,只为共同为人民擘画美好未来。在那段历程中,我们成立了南美洲国家联盟与拉丁美洲和加勒比国家共同体,这两个组织将我们各国紧密地连在一起,也体现了我们对团结和协作的追求。

在此,我想特别缅怀两位已经离开我们的伙伴:亲爱的乌戈·查韦斯与塔瓦雷·巴斯克斯。在拉丁美洲,人们仍然深深地怀念他们。于我而言,能够与他们建立友谊,团结合作,并为构筑一个更加美好的世界而并肩奋斗,是莫大的荣幸。

最后,我想说的是,此刻我心中充满希望,因为我深知拉丁美洲正再次经历一个重要的变革时期。阅读本书无疑能够帮助我们总结在那段时期执政的经验和教训。成功的经验可以借鉴,同时我们也有过局限性，走过弯路，这些也应该分析和总结。

当今世界，硝烟四起，不宽容与不公正现象随处可见。今天的拉丁美洲必须继续作为人类的希望之光，照亮一条通往和平、理解和正义的道路。

在本书所叙述的时期，中国和拉丁美洲之间的政治关系不断发展和巩固。在经济上，中国如今是拉丁美洲的主要贸易伙伴之一。面对各类全球性挑战，我们成立了金砖国家机制，共同发出发展中国家的声音。因此，进一步强化中拉伙伴关系至关重要，这是创造一个繁荣、公正、和平的未来世界的必然选择。

我热切期待《拉美之声》中文版的面世，让中国读者能够有机会阅读本书。也希望本书能够架起一座桥梁，让我们的历史紧密相连，也让中拉携手共创一个以友谊为纽带、以和平为底色、以繁荣为目标的美好未来。

路易斯·伊纳西奥·卢拉·达席尔瓦

巴西联邦共和国总统

2024年3月24日

序言（西文）

PRESENTACION DE LA EDICION CHINA DEL LIBRO PRESIDENTES: VOCES DE AMERICA LATINA

Es un gran honor poder presentar la edición china del libro *Presidentes : Voces de América Latina*. Los personajes que aquí hablan, son los principales protagonistas del mejor momento vivido en Latinoamérica. Una década de transformaciones históricas cuyo impacto en la vida de millones de latinoamericanos se extiende hasta nuestros días.

A la vuelta de siglo, un conjunto de hombres y mujeres forjados en las luchas populares por democracia y justicia social, llegamos a la Presidencia de nuestros países con un desafío enorme. Teníamos que transformar una estructura económica y social que había sometido a la mayoría de nuestros pueblos a situaciones de pobreza y exclusión.

América Latina es la Región más desigual del planeta. Modificar las estructuras exigió enfrentar intereses internacionales y nacionales muy poderosos. Pero la capacidad y el coraje de mis compañeros Presidentes y el apoyo de nuestros pueblos lo hicieron posible. Los indicadores económicos e sociales de este período muestran que, por primera vez en décadas, nuestro continente logró que sus economías crezcan con reducción de la pobreza.

Los logros obtenidos en ese período tuvieron un costo alto los que encabezamos estos procesos y también para las democracias de la región. A través de mecanismos oscuros, las fuerzas del establishment lograron golpear los gobiernos transformadores.

En Brasil, Paraguay, Bolivia, Ecuador, Argentina y Honduras, los que lideramos esos cambios fuimos perseguidos por el lawfare de manera contumaz. Soportamos el atropello de maniobras judiciales fraudulentas, la prisión y el exilio.

Pero ninguna de estas presiones logró cambiar nuestras convicciones y el cariño y valoración de nuestros pueblos. Así fue posible que en Brasil recuperemos la democracia y la posibilidad de seguir avanzando en las transformaciones que tanto necesitamos.

Nuestro país también vuelve al mundo. Con la presidencia del G20 y la realización de la COP en Amazonia, Brasil cumple su rol y responsabilidad en un mundo en crisis. Después de un invierno donde el gobierno anterior eligió por aislarse y ser un paria en el mundo, Brasil vuelve a presentar su perspectiva para un mundo más justo.

Los emocionantes reportajes que llevó adelante nuestro compañero Daniel Filmus también permiten apreciar la trayectoria, luchas y pasiones de cada uno de nosotros. Surgidos de las entrañas de nuestros pueblos, transitamos caminos de luchas, persecuciones y construcciones políticas desafiantes para llegar a conducir el destino de nuestras naciones.

Recuerdo con admiración y cariño a cada uno de ellos y con nostalgia las largas reuniones que sostuvimos imaginando un destino mejor para nuestros pueblos. La creación de la UNASUR y la CELAC, que surgieron en esa etapa, son un ejemplo de la vocación de unidad y solidaridad que nos hermanaba.

Quiero dedicar una mención especial para homenajear a quienes ya no están entre nosotros: mis queridos Hugo Chávez y Tabaré Vázquez. Cómo se les extraña en nuestra región. Fue un honor enorme haber compartido con ellos la amistad, la solidaridad y la lucha por un mundo mejor.

Finalizo esta presentación con la esperanza que me genera saber que América Latina vuelve a transitar un período de importantes transformaciones. La lectura de estas páginas seguramente permitirá sacar conclusiones y aprendizajes importantes para los tiempos que nos toca gobernar. Para capitalizar los logros obtenidos y analizar las limitaciones y errores que seguramente cometimos.

En un mundo donde todavía imperan la guerra, la intolerancia y la injusticia, América Latina hoy debe seguir siendo una luz de esperanza para la humanidad.

Durante el período narrado en estas páginas las relaciones políticas entre China y América Latina crecieron y se consolidaron. Económicamente, China es hoy uno de nuestros principales socios comerciales. Los BRICS surgieron como una voz de los países en desarrollo frente a los desafíos globales. Esta asociación debe profundizarse para construir un futuro más próspero, justo y pacífico.

Saludo la edición de la versión del libro *Presidentes* : *Voces de América Latina* para que esté a disposición del pueblo de la República Popular China y deseo que se convierta en un puente para acercar nuestra historia y nuestro futuro, que seguramente será de amistad, paz y prosperidad.

序言（葡文）

APRESENTAÇÃO DA EDIÇÃO CHINESA DO LIVRO PRESIDENTES: VOZES DA AMÉRICA LATINA

É uma grande honra poder apresentar a edição chinesa do livro *Presidentes : Vozes da América Latina*. Os personagens que aqui falam são os principais protagonistas do melhor momento vivido na América Latina. Uma década de transformações históricas cujo impacto na vida de milhões de latino-americanos se estende até os nossos dias.

Na virada do século, um grupo de homens e mulheres forjados nas lutas populares pela democracia e justiça social chegou à Presidência de nossos países com um desafio enorme. Tínhamos que transformar uma estrutura econômica e social que havia submetido a maioria de nossos povos a situações de pobreza e exclusão.

A América Latina é a região mais desigual do planeta. Modificar as estruturas exigiu enfrentar interesses internacionais e nacionais muito poderosos. Mas a capacidade e a coragem dos meus companheiros Presidentes e o apoio dos nossos povos tornaram isso possível. Os indicadores econômicos e sociais deste período mostram que, pela primeira vez em décadas, nosso continente conseguiu fazer com que suas economias crescessem reduzindo a pobreza.

Os sucessos obtidos nesse período tiveram um custo elevado para aqueles que lideraram esses processos e também para as democracias da região. Através de mecanismos obscuros, as forças do establishment conseguiram golpear os governos transformadores.

No Brasil, Paraguai, Bolívia, Equador, Argentina e Honduras, aqueles que lideraram essas mudanças foram perseguidos pelo lawfare de maneira contumaz. Suportamos o abuso de manobras judiciais fraudulentas, prisões e exílios.

Mas nenhuma dessas pressões conseguiu mudar nossas convicções e o carinho e a valorização de nossos povos. Assim, foi possível que no Brasil recuperássemos a democracia e a possibilidade de continuar avançando nas transformações de que tanto precisamos.

Nosso país também retorna ao mundo. Com a presidência do G20 e a realização da COP na Amazônia, o Brasil cumpre seu papel e responsabilidade em um mundo em crise. Após um inverno em que o governo anterior optou por se isolar e ser um pária no mundo, o Brasil volta a apresentar sua perspectiva para um mundo mais justo.

As emocionantes entrevistas conduzidas pelo nosso companheiro Daniel Filmus também permitem apreciar a trajetória, as lutas e as paixões de cada um de nós. Surgidos das entranhas de nossos povos, percorremos caminhos de lutas, perseguições e construções políticas desafiadoras para conduzir o destino de nossas nações.

Recordo com admiração e carinho cada um deles e com nostalgia as longas reuniões que tivemos imaginando um destino melhor para nossos povos. A criação da UNASUL e da CELAC, que surgiram nessa etapa, são exemplos da vocação de unidade e solidariedade que nos unia.

Quero dedicar uma menção especial para homenagear aqueles que já não estão entre nós: meus queridos Hugo Chávez e Tabaré Vázquez. Como sentimos falta deles em nossa região. Foi uma honra imensa ter compartilhado com eles a amizade, a solidariedade e a luta por um mundo melhor.

Concluo esta apresentação com a esperança que me gera saber que a América Latina volta a atravessar um período de transformações importantes. A leitura destas páginas certamente permitirá tirar conclusões e lições importantes para os tempos em que nos cabe governar hoje. Capitalizar os sucessos obtidos e analisar as limitações e erros que certamente cometemos.

序言

Em um mundo onde ainda imperam a guerra, a intolerância e a injustiça, a América Latina deve continuar sendo uma luz de esperança para a humanidade.

Durante o período narrado nestas páginas, as relações políticas entre China e a América Latina cresceram e se consolidaram. Economicamente, a China é hoje um dos nossos principais parceiros comercias. Os BRICS despontaram com uma voz dos países em desenvolvimento frente aos desafios globais. Essa parceria deve ser aprofundada para construção de um futuro mais próspero, justo e pacífico.

Saúdo a edição da versão do livro *Presidentes : Vozes da América Latina* para que esteja à disposição do povo da República Popular da China e desejo que se converta em uma ponte para aproximar nossa história e nosso futuro, que certamente será de amizade, paz e prosperidade.

对话丹尼尔·菲尔穆斯

郭存海[①]:

菲尔穆斯先生,我注意到这本书源于您10多年前主持的一档电视访谈节目《丹尼尔·菲尔穆斯对谈拉丁美洲总统》。尽管时间已经过去很久,但今天读来仍可以帮助我们深刻理解当前的拉丁美洲政治。是什么原因驱动着您要做这样一个访谈节目并撰写本书?

丹尼尔·菲尔穆斯:

2008年5月,我有幸出席在巴西利亚举办的南美洲国家联盟(UNASUR)成立大会。这一经历激发了我一个创新性的构想:借助电视镜头与深度文字叙述,将21世纪头十年间拉丁美洲各国总统的故事记录下来。彼时,拉丁美洲大陆正经历着前所未有的变革与觉醒,我深感有必要让这些时代舞台上的核心人物以第一人称视角亲自讲述他们的故事,以便数以百万计的电视观众和读者能够深入地洞悉这段前所未有的政治发展历程。

"前所未有"不仅限于描绘拉丁美洲地区动荡的局势,那些肩负着引领国家命运重任的人物,他们的人生轨迹同样书写着前所未有的传奇。在本书中,读者将首次如此近距离地触及到拉丁美洲国家领袖们的

[①] 系中国社会科学院拉丁美洲研究所研究员,社会文化研究室主任;中拉教科文中心协调员。

内心世界，他们的故事或许会如同对我产生的深刻触动一般，让每一位翻开此书的人产生共鸣。他们中的许多人来自底层，经历过贫穷的磨砺、歧视的冷眼和政治高压的洗礼。他们以无比坚韧的精神战胜了重重困境，倚仗不屈不挠的努力以及广大人民的支持，勇敢挑战固有的权力结构。他们的个人经历与国家及民族的历史经纬紧密地交织在一起，绘就了一幅幅生动感人的画卷。通过深入阅读他们的故事，洞悉他们的思想历程，读者不仅能对拉丁美洲有更深层次的认知，而且能够更好地领悟到全球范围内所有曾饱受殖民宗主国统治或精英阶层压迫的民族，在追求自由与独立的伟大事业中所展现出的勇气与决心。

正如玻利维亚前副总统阿尔瓦罗·加西亚·利内拉精准阐述的那样，拉丁美洲的历史进程是"波浪式的"，这种进程…席卷了本地区的大部分国家。21世纪初，一场出乎意料的进步主义执政浪潮汹涌而至，颠覆性地重塑了拉丁美洲的政治版图。这很大程度上是由于人们对"华盛顿共识"日渐厌倦与不满，因为新自由主义政策实践加剧了拉丁美洲地区社会的排斥现象、贫困以及不平等问题。

这段新的历史始于1999年乌戈·查韦斯在大选中击败所有传统政党，当选委内瑞拉总统——当时该国正经历的巨大危机的责任就在这些传统政党。2003年，又有两位具有变革精神的总统加入了查韦斯的行列，在本地区最发达的两个国家完成了这一壮举——这两个国家在历史上对拉丁美洲大陆其他国家有着巨大的政治和经济影响。2003年1月，巴西首位工会领导人宣誓就任总统。他就是路易斯·伊纳西奥·卢拉·达席尔瓦，他将主宰这个南美经济影响力最大的国家的命运。几个月后，由于阿根廷民主出现了前所未有的危机，一位来自南部省份的省长、大多数阿根廷人都不认识的政治家内斯托尔·基什内尔以仅仅22%的选票上台执政，却在阿根廷开启了深刻的变革进程。在乌拉圭，历史悠久的进步主义在野党——广泛阵线历经多次失败之后，终于在2005年首次上台执政。2006年埃沃·莫拉莱斯成为玻利维亚首位来自土著社区的总统，厄瓜多尔的拉斐尔·科雷亚和巴拉圭的费尔南多·卢戈分别于2007年和2009年当选，他们努力扭转20世纪90年代新自由主义给本国人民留下的困难局面。我们还可以举出更多的例子。总之，我们地区的大多数国家，在南美洲影响力较大的国家，都在这一时期出现了政府更迭和发展模式的改变。

我想要着重指出的是，本书特别适合对国际政治感兴趣的中国读者。几十年来，拉丁美洲国家首次不再无条件地与美国形成联盟关系，而是在多极化世界格局中开始积极塑造自身的独立视角，并将本地区的战略利益提升至首要位置。这一转变促使拉丁美洲各国加强了同欧洲、非洲、亚洲等地区之间的政治纽带和经济互动。因此，许多拉丁美洲国家也更加紧密地与中国建立联系，发展和深化了与中国各个层面的合作。

尽管时光荏苒，十年已逝，此书仍有深远的现实意义。它不仅能够帮助我们深入洞察拉丁美洲地区乃至全球历史上一段独一无二的时期，还能引导我们在理解历史的基础上深度总结与反思，从而为未来的变革之路提供更具前瞻性和有效性的政策规划指引。

郭存海：

可能让中国读者略感困惑的是，在这个访谈系列中，您对话的对象几乎都是左翼或中左翼立场的拉丁美洲总统，而唯独阿尔瓦罗·乌里韦是一个右翼总统。您选择对话的总统是基于什么标准，或者有何特定的考虑？

丹尼尔·菲尔穆斯：

我想和中国读者特别说明的是，即将展现在大家眼前的这本书几乎囊括了21世纪以来所有具有重大影响力的拉丁美洲国家元首。众所周知，要对在职总统进行深度且历时较长的对话并非易事，他们的日程安排都非常紧张。尽管如此，我们发出邀请却未能成功采访到的只有一位总统，就是秘鲁已故领导人阿兰·加西亚先生。我们没有把圭亚那和苏里南纳入采访项目，因为这两国与本地区其他国家的差别很大，尽管当时这两国也是进步政府执政。哥伦比亚总统阿尔瓦罗·乌里韦之所以是本书唯一一位右翼受访者，是因为当时在南美洲他也是唯一的右翼总统。通过阅读总统们的言谈，读者能够更好地了解20世纪90年代拉丁美洲地区各国政府的立场。我们对话的目的是生动展现拉丁美洲所处的那个独特历史阶段，为此我们纳入了两位中美洲国家的总统，他们与当时主导性的变革潮流联系最为紧密。这两位领导人分别是哥斯达黎加总统奥斯卡·阿里亚斯和尼加拉瓜总统丹尼尔·奥尔特加。阿里亚斯以其对和平事业的卓越贡献荣获诺贝尔和平奖，致力于强化拉丁美洲人民的团结。而奥尔特加则是20世纪80年代桑地诺革命的领导人，于2007年1

月通过民主选举再次担任总统。

总之，当您沉浸于本书时，也将自然而然地置身于拉丁美洲21世纪初那段独特的现实中。那股浪潮并不局限于个别国家，而是覆盖了整个拉丁美洲地区。正如联合国拉加经委会所称的，在那十年间，拉丁美洲地区众多国家同时实现了经济增长与更加公平的收入分配。而本书中的主人公们将逐一揭示这一壮丽变迁背后的原因及做法，让我们得以洞悉他们如何成功地驾驭并塑造了那段历史。

郭存海：

在您策划和录制这个电视访谈系列时，拉丁美洲正经历媒体所称的21世纪第一次"粉红色浪潮"；十年后，有人说，拉丁美洲的"粉红色浪潮"重现，不过这第二次"粉红色浪潮"伴生着一种值得关注的新现象，即极右翼"小浪潮"。您觉得这两次"粉红色浪潮"有何异同？作为中国读者，应该如何理解拉丁美洲政治中的这种左右翼政治周期和新近出现的极右翼现象？

丹尼尔·菲尔穆斯：

您提的这个问题颇有深度。为了深入剖析拉丁美洲地区的政权更迭现象，我认为首先要解答另一个与之紧密相关且在本书中被重点探讨的核心问题：拉丁美洲究竟应被视为一个拥有普遍内在共性的区域，还是应当被视作各国经历各自迥异发展进程的大陆？在对拉丁美洲的研究中，部分专家持有这样的观点，即每个拉丁美洲国家均有其独特而鲜明的经济、社会和文化特性，因此不宜将整个地区的发展历程笼统地进行统一论述。与此同时，另一部分学者则持相反立场，主张拉丁美洲整体上有着相似的发展脉络。诚然，我们不能否认，无论是国家抑或民族，都有其独特的传统、历史积淀以及特色各异的政治经济社会发展历程。然而，同样不容忽视的是，从西班牙和葡萄牙殖民时期直至各国相继独立的历史长河中，拉丁美洲地区确实经历了许多共同进程。特别是考虑到大多数拉丁美洲国家在经济和政治层面都具有显著的对外依赖性，这些共同进程往往源于国际秩序的变迁，本书所涵盖的时期也不例外。

拉丁美洲地区是如何开启"粉红色浪潮"这一政治转向的？为了阐明这一问题，我想回溯历史，说明为何可以将拉丁美洲视为一个在政治和经济进程上有着内部共性的区域。二战结束后数十年间，尽管各国在执行力度和成效上有所差异，但普遍采取了进口替代工业化和发展主义政策，这些政策展现出许多相似特性，共同支撑起拉丁美洲地区20世纪大部分时间里的依附性现代化的社会经济结构。20世纪70年代初，这种模式在许多拉丁美洲国家逐渐显露出疲态与局限性。此时，一批新的领导人崛起，他们挑战既定秩序，发起了一系列旨在摆脱美国影响、增强本国决策自主性和推动财富分配更加公平的改革运动。在这股变革潮流中，智利的萨尔瓦多·阿连德领导的社会主义革新运动尤其引人注目，在拉丁美洲历史上留下了深刻的印记。在阿根廷，胡安·庇隆同样致力于践行相似的民族主义导向。这一时期，多个受到军事背景影响且蕴含浓厚国家自主意识的政府纷纷崛起掌权，诸如玻利维亚的胡安·何塞·托雷斯政府、秘鲁的曼努埃尔·贝拉斯科·阿尔瓦拉多政府以及巴拿马的奥马尔·托里霍斯政府。这些政权除了其鲜明的民族主义特征外，还有一个共同立场，即对发生在20世纪50年代末期的古巴革命成果给予肯定与认同。古巴革命不仅在当时具有划时代的意义，其成功更是深刻地激励和影响了整个拉丁美洲的解放运动进程。

所有这些可以称之为第一次"粉红色浪潮"，持续的时间非常短，取而代之的是具有镇压性的军事独裁政权，其中大多数都得到了美国情报机构的赞助和支持。虽然镇压的严酷性、政治上的高压程度和经济上推行新自由主义的力度不一，但除哥斯达黎加和委内瑞拉外，所有拉丁美洲国家都曾经历过一段黑暗的时光，各国人民都遭受了独裁统治和稳定体制的瓦解。可以说，拉丁美洲经历了一场真正的"黑色浪潮"。

民主政体的恢复进程几乎在整个地区同时开启，各国也呈现了相似的特征。20世纪80年代独裁统治之后出现的所有拉丁美洲民主政体都很脆弱。其中许多政府处于军方的监管之下，甚至受到军方发动政变的挑衅，稳定的体制面临着瓦解风险。但总的来说，这些民主国家都进行了深刻的政治和体制改革，恢复了宪法、自由和权利，但并没有改变前一时期业已形成的新自由主义经济模式。智利是典型的例子，但其他国家如阿根廷也实施了新自由主义政策，导致体制脆弱，民众支持逐渐丧失。不加限制地推行"华盛顿共识"导致一系列问题，包括经济停滞、财富集中、社会排斥、失业和贫困加剧。联合国拉加经委会将这一时期称为"失去的十年"，因为至80年代结束时，所有经济和社会指标都比开始时更加糟糕。民众对社会经济状况广泛不满，传统政党和领导人的社会合法性丧失，这就是"粉红色浪潮"涌现的大背景。

整个地区经历了前所未有的危机,几乎所有的政府均在这一背景下出现了转向。在这场政治变局中,一些拥有深厚历史底蕴的政治力量上台执政,例如巴西的劳工党和乌拉圭的广泛阵线。这两个国家的领导人卢拉与巴斯克斯,均是在长期的政治积淀和历经数次总统选举受挫后,才最终当选。而在其他国家,崭新的政治面孔开始掌权,这些新上任的总统并不具备丰富的政坛履历。他们的胜选关键在于民众对新自由主义模式及其领导层普遍不信任,因此这些新当选的总统获得了颠覆既有格局并赢得大选的历史性机遇。在一些国家中,多数民众对新晋领导人的背景与经历知之甚少。没有人会想到,像卢戈这位从未涉足政坛的宗教界人士能够成为巴拉圭总统;同样让人难以想象的是,玻利维亚总统莫拉莱斯,这位原住民运动领袖,能够登上国家最高领导人的位置。在阿根廷,基什内尔出乎意料地凭借22%的选票赢得大选胜利。厄瓜多尔的情形也同样出人意料,前经济部长科雷亚在竞选前几个月才刚刚创立自己的政党,并最终上台执政。可见,虽然在部分国家,有一些获胜政党拥有悠久的历史传统,但在大多数国家,这些新领导人都以一种前所未有的、颠覆性的方式突然崛起,这正是那场深重危机的结果。人民在这场危机中做出了决断,坚决摒弃了失败的新自由主义。

21世纪初的首次"粉红色浪潮"彰显了一个鲜明特征,即在应对突如其来的社会与经济危机时,这些新近崛起并上台执政的民众力量往往未能提前做好执政规划,而不得不采取灵活机动、随势而变的策略。可以说,在缺乏系统性的中长期政策规划背景下,当第一波变革开始显现衰竭迹象之际,推动第二代深层次改革就面临着极大的挑战和困难。

在当前讨论的节点上，值得特别指出的是，在您提及的21世纪第二次"粉红色浪潮"出现之前，拉丁美洲多国曾经历了一次保守主义回潮。这一趋势再次验证了拉丁美洲各国政治经济变革与区域整体态势间的紧密联系。其中，在一些国家，保守势力回归是通过合法选举程序得以实现的。例如阿根廷的马克里、智利的皮涅拉以及乌拉圭的拉卡列，他们均是通过民众投票获胜，代表右翼重新掌权。然而，在其他一些国家，如巴拉圭、巴西、玻利维亚、秘鲁和洪都拉斯，情况则有所不同：建制力量通过非民主手段和非常规途径推翻了民选总统。这些集团运用了包括媒体操纵、司法干预以及立法工具在内的复杂策略，实际上发动了所谓的"软政变"，即在不直接动用武装力量的情况下，对既有体制秩序进行了颠覆性破坏。

那么，这些右翼势力回归后的共同特征有哪些？为何它们的统治之后又催生了新一轮"粉红色浪潮"呢？在我看来，他们普遍未能为各自的国家和民众提出并实施具有革新性的政策。相反，他们都倾向于重拾"华盛顿共识"所倡导的战略方针，力图削弱政府的作用，放宽对金融市场的监管约束，无条件地开放经济部门，加速去工业化进程，并大力推动国有企业私有化改革，同时导致收入再分配机制显著倒退。此外，在国际秩序层面，在特朗普推行强权主义政策的时代背景下，这些政府纷纷调整外交立场，重新向美国靠拢。然而，所有这些政策措施所带来的结果并不意外：各国经济增长乏力，贫困率和失业率陡升。正是由于这种对旧有政策的复辟，引发了民众广泛的不满情绪，进而为进步、中左翼乃至民众主义倾向的政府上台执政播下了种子：这些政府有的是首次通过选举登台，有的则是再次获得民众支持重新执掌政权。

当下拉丁美洲所经历的转型阶段，其最终定性尚待观察与分析。我们正处于一个动态变化的过程中，其未来发展态势仍笼罩在不确定性之中。确实，一股新的进步主义浪潮已在墨西哥、智利以及哥伦比亚等国崭露头角，并成功地掌握了国家政权。与此同时，在巴西、玻利维亚、委内瑞拉、尼加拉瓜及洪都拉斯等国，变革进程虽然各自呈现出迥异的特点和路径，但仍在持续发展中。值得注意的是，在拉丁美洲地区的其他一些国家，新自由主义政府或是重新回到权力中心，或是继续保持其执政地位，形成了一种多元并存的政治格局。

在当前的时代背景下，您提到的阿根廷通过民主选举途径上台的极右翼的哈维尔·米莱政府，无疑是一个值得深入探讨的关键议题。这一新政府立足于无政府资本主义理念与奥地利学派经济学说，不仅大力倡导精简政府职能，甚至提出了更为激进的目标——大幅度削弱政府角色，直至将经济和社会治理权全面托付给市场机制自行调节。在国际政策层面上，该政府明确表示将坚定不移地向美国靠拢，并对欧洲的社会民主模式予以批评和谴责。此外，还宣布有意减少与巴西、中国等阿根廷传统的重要合作伙伴之间的联系，展现出一种显著的战略调整姿态。

米莱实际上是全球范围内的极右翼政治运动的标志性人物之一，这一运动不仅在欧洲地区呈现崛起态势，在美国亦有特朗普重回白宫，这些极右翼势力的动态值得全球广泛关注。尽管米莱自上任以来推行的部分措施已在短短几个月内引发了民众大规模抗议与抵制，但其政策最终成效如何尚有待观察。我们应当对此密切关注和持续跟踪，因为阿根廷政府的走向及其政策实施不仅将深刻影响国内局势，也将对整个拉丁美洲地区产生重大而深远的影响。

郭存海：

在国家治理问题上，几乎所有受访的总统都谈到了政府和市场。总体来看，左翼总统似乎更看重政府的作用，强调国家干预；而与之相反，右翼总统似乎更强调市场这只"看不见的手"的作用，甚至将政府的干预视作"万恶之源"。但无论哪种模式，似乎都未能有效地解决拉丁美洲的问题。您觉得拉丁美洲国家要实现更高质量的发展，需要什么样的政府和什么样的市场？

丹尼尔·菲尔穆斯：

的确，拉丁美洲代表人民利益的政府与保守或右翼政府之间的一个显著分歧在于他们对政府职能的不同理解与定位。此外，值得一提的是，拉丁美洲地区在探寻可持续且稳定的繁荣发展模式过程中遭遇的重重挑战，很大程度上源于对立政治力量不断更迭，并在政府角色问题上采取了钟摆式的政策取向。正如我们在先前的回答中所剖析的那样，在很多情况下，当一届政府通过积极发挥政府作用来促进经济增长、推动工业化进程及优化收入分配后，紧随其后的执政力量往往持有截然相反的政策理念。

在拉丁美洲国家，政府的特性与其历史进程紧密相连。自殖民地独立以来，在国家构建、多元文化和人口融合的过程中，政府的作用至关重要，确保了国家统一与稳定发展。由于缺乏足够活力的私营经济主体引领现代化工业进程，一些拉丁美洲国家不得不由政府肩负起推动工业化和经济增长的重任。特别是在国际经济危机和世界大战时期，各国被迫启动初级工业化进程以减少对外依赖。然而，地方寡头往往专注于农业和矿业资源的初级开发。因此，在墨西哥、阿根廷和巴西这三大经济发展较为突出的国家，政府深度参与了基础设施建设和基础工业部门的发展，因为在当时市场环境下难以寻得愿意承担风险的投资者。同时，阿根廷、乌拉圭、墨西哥以及哥斯达黎加等国初步构建起了福利国家体系，这些国家的社会平等水平相对较高。总体来说，政府作用较小的国家通常伴随着较低的发展水平和社会平等程度。然而，我们注意到，部分政府结构已变得过于僵化和官僚化，许多国家所谓的福利体制反而成为制约发展的障碍，政府无法有效应对挑战并履行其经济与社会职能。但我们并非主张全面私有化或削弱政府作用，而是提倡政府应当变得更加高效且现代化。当前，拉丁美洲地区大多数民众运动普遍认为，一个健全的社会既不能让政府缺位，也不能让政府垄断。为了实现经济繁荣，国内外私人资本的投入不可或缺，而创造了大量就业岗位的国内中小企业也应发挥关键角色。因此，政府需构建机制，引进先进科技，提升国家整体技术水平。当前进步政党面临的重大任务之一就是探寻政府与市场之间互动的新模式，以实现良性循环和共同发展。

郭存海：

我发现，几乎所有受访的总统都不约而同地谈到了拉丁美洲的两大问题：贫困和不平等。这究竟是因为进步主义政府最关注弱势群体，还是因为贫困和不平等是拉丁美洲最具普遍性的问题？您认为造成拉丁美洲贫困和不平等的根源在哪里？有何根本性的解决之道？

丹尼尔·菲尔穆斯：

所有研究数据一致揭示，拉丁美洲虽非全球最贫困的地区，却无疑是最不平等的大陆。这种极端的贫富差距导致了区域大量人口陷入贫困境地。2022年联合国拉加经委会发布的数据显示，拉丁美洲每三位居民中即有一人生活在贫困线以下，这意味着拉丁美洲地区大约有1.8亿贫困人口，且极度贫困的比例更是达到了惊人的12.5%，这些统计结果无不凸显出问题的紧迫性与严峻性。而新冠疫情的暴发，进一步恶化了拉丁美洲本就根深蒂固的贫困问题。值得注意的是，新冠疫情结束后这段时间，拉丁美洲地区的整体贫困率并未显著降低，甚至在某些国家中还呈现出上升趋势。

拉丁美洲地区之所以呈现出上述严重不平等现象，其背后的原因错综复杂且难以在简短的叙述中全面系统地阐明。然而，我们可以指出一个重要的历史根源：自西班牙和葡萄牙殖民时期以来强加给拉丁美洲的发展模式。这一模式将拉丁美洲置于国际分工体系中的从属地位，使其长期成为原材料的主要供应者和工业制成品的消费者，而这些工业化产品往往是中心国家利用拉丁美洲出口的自然资源加工而成。拉丁美洲丰富的自然资源，包括农产品和矿产资源，往往被少数精英阶层所控制和垄断，由此产生的巨额收益并未广泛惠及社会各阶层，而是集中于极少数人手中。这种不均衡的资源配置结构导致了拉丁美洲地区财富分配的巨大鸿沟，多数民众陷于贫困状态，与掌握资源的少数特权群体形成了鲜明对比。进入20世纪后，跨国资本涌入拉丁美洲，与地方寡头联起手来，进一步加剧和深化了这种结构。在整个20世纪，每当代表人民利益的政府试图改变这一发展模式，最终都被政变终结，而政变的目的就是让跨国资本和本地寡头的联盟重新掌权。自20世纪80年代以来，之前我们提到的钟摆式的政策构成了一种障碍，导致了消除贫困的战略无法长期稳定实施。正因如此，本书谈及的这十年具有非凡的意义。在这十年中，几乎所有拉丁美洲国家的贫困率和不平等程度都双双下降。

本书中对话的各位总统在公共政策制定与实施上展现出了一些共同的战略倾向。首要的一点是强化政府的作用，他们致力于构建强有力的政府，以引导国家的全面发展路径，重塑社会经济秩序，并确保为最脆弱的社会群体提供有力保护和全面支持。这与拉丁美洲地区先前几十年所推崇的私有化进程和政府职能收缩形成了鲜明对比，呈现出近乎180度的战略调整。其次，这些领导人一致认同国内市场活力和就业创造之于驱动经济增长的重要性。他们所推行的政策体现出一系列共同特征，包括加大公共投资力度、扶持能带动就业增长的中小型企业、推动生产部门的工业化进程以及维护工人的合法权益。这些举措旨在激活内需市场，提升整体经济实力和社会福祉。历经二十年的经济低迷之后，2001年至2014年拉丁美洲地区的正规就业率从53%提升至57%，而同时公开失业率近乎下降一半，由原来的11.6%锐减至6.2%。在此期间，各国政府在公共政策上呈现出了第三个关键的共同特征，即高度重视减少贫困和不平等现象。进步主义政府通过调整收入分配机制与推动包容性增长策略，推动贫困人口比率从44%大幅下降至29%，极端贫困的人口比例也从19%缩减至12%。尤其值得注意的是，在底层民众生活水平显著提高的过程中，他们与高收入群体之间的收入差距也在逐步缩小。这背后的原因主要归功于工人薪资水平的整体上涨以及就业环境条件的改善。此外，政府在教育、卫生、住房等社会基本服务领域投入了大量资源，并推出了一系列旨在帮扶贫困人口的社会福利计划，其中尤为突出的是促进性别平等的各项政策措施。在这十年间，女性的劳动参与率从40%稳步攀升至53%，而无收入来源的女性人口比例则从42%降至32%。最后想要重点强调的一点是，这些国家均提高了对科技发展和产业创新的公共投资力度。尽管各国有不同的路径，但它们普遍致力于借助新技术手段来改造生产结构、优化出口商品和服务构成，从而打破单一的经济发展模式，增加本土产品和服务的附加值。

在拉丁美洲地区系统性消除贫困与不平等现象的过程中，我认为首要任务在于确保政策的连贯性和持久性，并在此基础上对21世纪首次"粉红色浪潮"期间所推行的各项措施进行与时俱进的调整与优化。作为阿根廷前教育部长和科技部长，我想尤为强调，持续加大对教育及科技领域的公共投入是促进经济增长、优化收入分配格局的关键。通过强化教育体系以培养高质量人力资源，以及推动科技创新来驱动产业升级，能够有力地促进经济结构的多元化和社会整体福祉的提升。同时，构建围绕技术创新与高品质就业创造的公私合作伙伴关系至关重要。在这方面，中国的成功经验值得借鉴。中国凭借科技进步与产业转型升级，有效地提升了人民的生活水平，成为全球范围内实现减贫增效的卓越榜样。

郭存海：

地区团结也是一个被频繁提及的话题。在推动地区团结的"大祖国"梦想的感召下，拉丁美洲各国进行了地区一体化的各种尝试，但可以发现拉丁美洲一体化受到一系列内外部因素的影响。您认为政府间的意识形态分歧或差异对拉丁美洲一体化的进程有何影响？而外部因素，比如美国对拉丁美洲的干涉，又对地区团结产生何种作用？在当前全球南方国家抱团取暖的情势下，拉丁美洲又当如何通过与域外南方国家的互动和团结实现本地区的高质量发展？

丹尼尔·菲尔穆斯：

实际上，地区一体化是推动我们拉丁美洲各国进步、提升人民福祉不可或缺的战略之一。自殖民时期以来，北方发达国家一直阻挠我们构建命运共同体。历史上的一些地区性组织机制，如美洲国家组织和总统峰会等，尽管存在，但并未充分弥合不同政治立场的政府之间的鸿沟以引领拉丁美洲走向更深层次的一体化道路。只有真正实现一体化，我们这片地区才能凭借自身的集体力量，对抗全球不公正秩序带来的挑战。因此，本书记录的受访总统在其任期内对地区一体化进程的积极推动显得尤为关键。他们的努力旨在搭建桥梁、强化合作，使拉丁美洲能够在团结协作的基础上，逐步迈向一个更加紧密相连且自主可控的未来。

2005年，在阿根廷马德普拉塔召开的第四届美洲国家首脑峰会上，拉丁美洲国家展现出前所未有的一致立场，成功阻止了美洲自由贸易协定的推进。这一事件标志着拉丁美洲地区的合作进入了一个崭新且成效显著的时代。此前，2004年成立了美洲人民玻利瓦尔联盟，随后2008年和2011年相继建立了南美洲国家联盟及拉美和加勒比国家共同体。这些都是为了推动区域内国家更为独立自主的合作与地区一体化进程。值得注意的是，这些组织均是首次在没有美国直接参与的情况下构建的地区性机制，它们在拉丁美洲一些国家遭遇政治动荡或发生体制危机时发挥了决定性作用，多次成功地捍卫了民主秩序。此外，当区域内不同国家间出现矛盾或冲突时，上述组织也给予了积极有效的协调，有力地维护了区域和平与协作。

然而，在政治一体化取得进展的同时，经济与产业层面的一体化进程并未达到同等的深度和广度。这在很大程度上源于拉丁美洲地区长期以来依赖出口附加值较低或无显著附加值的初级产品，商品出口的目的地主要集中于世界其他地区。因此，尽管拉丁美洲国家间建立了良好的政治联系，但在促进区域内贸易方面却未见显著突破。同样在国际关系领域，虽然拉丁美洲地区与全球南方国家的政治和战略联系得到了显著增强，尤其是与77国集团成员国以及中国的关系尤为紧密，但彼此在经济互补性和深化合作方面取得的成果并不显著。对这一时期的一体化模式进行批判性的回顾与深入思考，有助于我们提炼出有价值的启示，以便在当前新的"粉红色浪潮"复兴的背景下，把握住有利于拉丁美洲一体化的又一个宝贵机遇期——不仅要在政治层面上继续加强一体化，更要在经济一体化道路上加快步伐。如今，在多极化国际秩序格局下，我们各国亟需强化南南合作，携手推动政治、经济乃至文化等各个层面的一体化进程。唯有如此，拉丁美洲各国才有望实现更高水平的发展，进而让广大人民能够共享更多福祉和发展成果。

郭存海：

哥斯达黎加前总统奥斯卡·阿里亚斯是诺贝尔和平奖获得者，他在对话中表示，虽然拉丁美洲在文学、文化、艺术和体育领域的成就令人自豪，但在经济增长和社会发展领域却令人羞愧；因而断言：21世纪是亚洲人的世纪，而不属于拉丁美洲人。然而，中国改革开放的总设计师邓小平先生早在1988年就做出了相反的预言：21世纪将是太平洋和拉丁美洲的世纪。您认为拉丁美洲在精神领域的发达和物质领域的不发达，其根源性的问题何在？两位具有世界影响的领导人何以做出截然不同的判断，您认为其背后的逻辑何在？拉丁美洲的未来在哪里？

丹尼尔·菲尔穆斯：

这是一个颇具挑战性的问题，我在先前的回答中已部分触及了对此问题的见解。不容置疑的是，在过去的几十年间，太平洋沿岸国家尤其是中国实现了前所未有的迅猛发展。与此同时，拉丁美洲作为一个蕴藏巨大潜力的大陆，始终充满希望与机遇。在坚守我们的特性与文化根基的同时，我们应当借鉴亚洲国家的发展经验，汲取其中的精华。在此，我想着重强调三点：第一，确保发展战略和政策举措具有持久性和连贯性，这对于切实提升人民生活水平至关重要；第二，加强教育和科技投入；第三，融入世界并保持独立特色。在全球化进程中，要在充分尊重和保护自身特性和文化传统的基础上，审慎而积极地参与到国际竞争与合作中，同时坚定不移地捍卫国家的核心利益。

我更倾向于邓小平先生的判断。我们刚刚走过21世纪的前四分之一，拉丁美洲地区就在本世纪初涌现出一批如本书所记载的领导者引领的政府，他们带领拉丁美洲民众坚定地抵制新自由主义和殖民主义思想。诚然，这条道路曲折且充满起伏，既有进步也有挫折，但正如奥斯卡·阿里亚斯所强调的文化价值观——即我们各国人民所展现的坚韧个性、顽强意志以及对美好未来的深深向往，将确保21世纪不仅会成为太平洋国家的时代，也将是拉丁美洲大放异彩的时代。面对巨大的挑战，我们不仅要与那些意图让本区域陷入持久贫困的力量抗争，更要共同擘画并执行有力的政府议程，以期在保持强劲经济增长的同时，切实改善本地区人民的生活状况。为此，推动地区一体化进程，并深化与太平洋国家之间的合作变得至关重要，唯有如此，才能实现这一宏伟目标。我赞成巴西总统卢拉在采访中所说的，"拉丁美洲未来二三十年将发挥更重要的作用，对此我充满希望和信心。要实现这一点我们要做的还有很多，要捍卫和平民主，加强社会参与，优化资金分配，提高人民生活水平，因为这些才是最重要的。我认为拉丁美洲正在进行一场了不起的民主革命！"

郭存海：

通过和总统们的对话，您最受触动或者感受最深的是什么？您未来是否有兴趣继续策划和对话拉丁美洲总统，推出您的总统访谈第二季？如果有，您在第二季中最想和总统们讨论什么问题？

丹尼尔·菲尔穆斯：

阅读这部作品，读者们不难发现每个访谈章节都蕴含着触动人心的力量。在对话的字里行间，我不止一次因总统们的深情讲述感动至深，以至于泪水涟涟，而他们自身在回忆这些故事时也饱含热泪。当玻利维亚总统莫拉莱斯以其真挚的情感述说童年时期的艰辛与纯真的梦想时，当巴西总统卢拉回溯起他与母亲及八个兄弟姐妹一同乘坐卡车从巴西东北部偏远地区跋涉至圣保罗的艰苦历程时，当阿根廷总统克里斯蒂娜·基什内尔深情地描绘她与丈夫、前总统内斯托尔·基什内尔之间紧密的关系时，当委内瑞拉总统查韦斯满怀激情地唱起他在儿时沿街叫卖食物时哼唱的小调时，任何人都不禁为之动容。确实，每一个访谈都是情感充沛、引人共鸣的。几乎每一位受访总统都分享了他们与父母之间的关系，其中不少人在幼年时期就承受着失去父母的悲痛。他们还讲述了自己在囹圄中度过的艰难岁月和遭受的种种磨难。然而，最令人感动的是他们在逆境中展现的坚韧不拔的精神，以及如何千锤百炼并最终成长为国家的伟大领袖。可以确信，任何一位翻开这本书的读者，都将被某些章节中的叙述深深打动。诚然，此书与政治主题高度相关，但它巧妙地将政治叙事编织进个人的生命故事之中。每一段娓娓道来的经历都承载着重大的意义，因为它们揭示了拉丁美洲人民在生活中所面临的严酷现实，这些故事值得被一一铭记与诉说。

本书收录了我首批进行的总统访谈，随后我有幸参与了一系列后续深度对话。而在这些访谈中，乌拉圭时任总统何塞·穆希卡的经历无疑让我最受触动。他的人生宛如一部传奇，饱含了多年囹圄之苦、酷刑折磨的辛酸史，然而正是这样的逆境砥砺出他那深入人心的哲学观——崇尚谦逊与质朴的生活。穆希卡对乌拉圭乃至整个拉丁美洲的政治经济现实有着无比透彻的理解和洞察，其真知灼见以及坚韧不屈的精神品质令人难以忘怀。

当然，当前我们正处在拉丁美洲历史的一个新的转折点，如果能够适时重启总统对话项目，无疑将具有极高的时代价值。设想一下，再度邀请那些在拉丁美洲政坛依然发挥着重要影响力的领袖人物，诸如卢拉·达席尔瓦、埃沃·莫拉莱斯、克里斯蒂娜·费尔南德斯、丹尼尔·奥尔特加、拉斐尔·科雷亚和费尔南多·卢戈等人，共同回溯过去二十年的风雨历程，深入剖析过往的经验教训，从而为未来的前行之路提供更具智慧的指引。同时，也应当关注并纳入那些通过民主选举新近上台并在各自国家积极推行深度变革的新一代领导人，如智利现任总统加夫列尔·博里奇、哥伦比亚现任总统古斯塔沃·佩特罗、洪都拉斯现任女总统希奥玛拉·卡斯特罗以及玻利维亚现任总统路易斯·阿尔塞等，他们的视角与实践同样对拉丁美洲的未来走向有着不可忽视的影响。

郭存海博士，衷心感谢您提出这一系列深刻而有价值的问题，这些问题将引领读者深入探索拉丁美洲的历史与现实。我坚信，每一位对拉丁美洲怀有浓厚兴趣的读者，都将通过阅读此书找到一个崭新的、富有洞见的视角来认识这片充满故事的土地。至于您提的最后一个问题，我亦抱持热切期待，在不久的将来能有机会与拉丁美洲地区的新一代领导者进行交流探讨，他们的见解与智慧同样会如本书所载内容那样引人入胜且富含启示。这样的对话无疑将进一步拉近各国人民之间的心理距离，增进相互理解与友谊，共同携手步入一个更为和平和谐、更富人文关怀的世界，从而确保每一个个体都有可能享受有尊严的生活，实现自我价值。

阿根廷

克里斯蒂娜·费尔南德斯
掌权的女性

1953年2月19日，克里斯蒂娜·伊丽莎白·费尔南德斯出生在阿根廷布宜诺斯艾利斯省拉普拉塔市郊的林格雷特镇。她有一个小两岁的妹妹名叫吉塞耶，并与内斯托尔·基什内尔共同育有两个子女——马克西姆和弗洛伦西亚。1975年，她与后来成为阿根廷总统的内斯托尔·基什内尔结为夫妇。克里斯蒂娜曾就读于拉普拉塔国立大学，攻读法律专业，这所大学也是她投身政治生活的启航之地。在她的政治履历中，克里斯蒂娜于1989年至1995年期间担任了圣克鲁斯省省议员；并在1994年作为圣克鲁斯省代表担任制宪会议成员。从1995年至1997年，她升任联邦参议员，继续代表圣克鲁斯省发声；随后在1997年至2001年转任联邦众议员。2001年，她再度回归参议院行列。2005年，克里斯蒂娜以布宜诺斯艾利斯省代表的身份进入参议院。在2007年10月28日举行的首轮总统选举中，她凭借45.29%的得票率一举胜出，成功当选为阿根廷总统。此后，在2011年10月的总统选举中，她以压倒性的优势获得连任，直至2015年12月结束总统任期。在卸任总统职位后，她在政坛上继续发挥影响力，于2019年10月的阿根廷总统选举中当选为副总统。

在2007年至2011年期间，阿根廷连续四年由一位女性领导者执掌国家政权，她就是克里斯蒂娜·费尔南德斯，亦即前总统内斯托尔·基什内尔的妻子。内斯托尔不仅是她的前任总统，更是她长达近四十年政治生涯中的重要伙伴。此刻，这位女士正端坐在她的办公室里，与我面对面交谈，我不禁好奇地询问她，首次意识到自己有可能成为总统是在何时。我向她提及，拉丁美洲地区的其他一些国家领导人曾向我分享过他们从小就有着总统梦。她回答说："我小时候没有想过当总统。我的确想过自己当领导者的样子，而并没想过共和国总统这样的位置。我确实是想要尝试改变历史，想要超越，我想在这个世界真正地走一遭，而不仅仅是吃喝度日。那么，当总统的想法是我很久之后才有的。"我问她是什么时候，她告诉我是在内斯托尔·基什内尔成为总统之后。然后，话题便转向了基什内尔是如何成为总统的。

那是2001年，我当时在布宜诺斯艾利斯的公寓里，那是一段非常动荡的时光，短短几天内连续换了五任总统，当时在任的是阿道弗·罗德里格斯·萨阿。我整天都开着电视，每五分钟就有新情况，我们想知道发生了什么。我记得当时我在厨房，就在厨房里看着电视。政府大楼里有一个麦克风，谁经过那儿都会对着麦克风口若悬河。回想起那些日子，你会觉得连加西亚·马尔克斯的口才都没有他们好。那天，基什内尔与罗德里格斯·萨阿谈完出来，所有记者都在向他提问，其中一个记者问他："你会成为总统候选人吗？"他回答说："是的，我要竞选总统。"当时我就说："这家伙疯了。"

阿根廷

内斯托尔·基什内尔于2003年提前四年启动了他的总统竞选计划，并且最终成功登上了总统宝座。然而，据克里斯蒂娜所述，在他们共同走过漫长的政治旅程中，这一巅峰时刻并非是让她内心最为激荡澎湃的时刻。克里斯蒂娜说："我哭得最凶的一次是在1991年，内斯托尔第一次宣誓就任圣克鲁斯省省长时。他发言时，我的眼泪忍不住往下流。那一刻我觉得不可思议，因为早在1976年政变的几天后，内斯托尔就跟我说他想当他们省的省长。他想留在这个国家，毕业后成为一名律师，然后再回到他们省当省长。所以在他当上省长时，我认为他已经达到了人生的顶峰，因为那时我就想到了我们1976年的谈话。当时，我完全没有想过他会成为阿根廷共和国的总统。"

基什内尔阵营原计划的竞选节点是在2007年，事实上，恰恰在这重要的一年里，阿根廷史无前例地迎来了一位女性总统候选人，并且她成功赢得了选举，登上了总统之位。在此之前，唯一一位非经选举程序而成为总统的女性是伊莎贝尔·庇隆，她是在其丈夫离世后的特殊情况下继任。至于阿根廷历史上深受民众喜爱的伊娃·庇隆夫人，尽管享有极高威望，却未曾通过直接选举担任过任何公职。

我们针对这一点提出了许多问题。作为女性领导者，是否意味着必须承受更大的挑战，以及是否需要表现得更加优秀才能克服性别刻板印象带来的阻碍？对此，克里斯蒂娜给出了如下的回应："在总统这一角色中，性别差异无疑是一个不容忽视的因素。有时，社会对待女性领袖的态度会迥异于男性，对于女性，人们可能会挑剔那些在男性身上鲜少提及或关注的细节。举个例子，某些人会针对女性总统的着装品味、发型选择、佩戴饰品等个人形象方面发表意见,这些话题往往与她们的实际政绩和政策主张无关,非常荒谬。当然,政治层面的合理批判与讨论是必不可少且应当欣然面对的,但是过度聚焦于个人私生活则偏离了公众应有的关注焦点。在全球范围内,包括阿根廷在内的许多地方,仍可见程度不一的大男子主义倾向,它体现在对女性领导者进行种种不必要的指指点点上。然而,从15岁开始就习惯化妆出门,我并不认为出任总统就应该彻底改变自己的个人特质。我认为,无论身居何位,都不应被迫去迎合某种预设的形象,保持真实的自我非常重要。"

另一个问题在于,伊娃·庇隆这位极具影响力的女性是否对阿根廷后来的女性总统产生某种独特的影响,或者说是否在她们身上附加了一种特别的责任?克里斯蒂娜·费尔南德斯是否每天会以某种想象的方式与伊娃进行精神层面的交流对话?对此,克里斯蒂娜·费尔南德斯表示:"我从未试图模仿或效仿伊娃·庇隆,这是毋庸置疑的事实。毕竟,伊娃的独特魅力无法复制,她是无法比拟的存在。不可否认的是,她对我产生的触动深刻无比,甚至超过了胡安·庇隆本人。伊娃的人生故事、她的激情奉献,这些都深深地打动了我。我时常回顾她的生平事迹,聆听她的歌曲,每一次都会为之动容,不禁落泪。"

显然,克里斯蒂娜·费尔南德斯无意刻意塑造自己成为另一位伊娃·庇隆,尽管伊娃是一个无法回避的政治参照。那么,作为一位独具特色的女性领导人,克里斯蒂娜究竟有哪些与众不同的特质呢?在想象中的镜子前,她审视自我,同时阐述道:"我对实现自己的目标非常执着。我一直都知道,我的目标是成为一名律师,必须要学习才能进步。

而且我总是想要把事情做到最好。比如小时候给学校画地图，我就追求精益求精，现在还是这样。我希望所有事情都是完美的，不管是微不足道的、看似不重要的事情，还是最重要的事情。我有一种观念，想要得到什么，就必须做出牺牲，付出努力。在我成为总统时，我感到了巨大的责任，但我是一个从来都不缺责任感的人，了解我的人都这么说。"在克里斯蒂娜·费尔南德斯执政期间，国家遭遇了一系列严峻挑战。2008年，国内农业部门因反对政府上调农产品出口税而发起了持续达四个月之久的大规模罢工行动。与此同时，几乎在其执政两年的关键节点，全球金融危机的巨浪席卷而来，进一步加剧了国家面临的经济困境。因此，在面对这些内外交困的局面时，我追问她是如何汲取力量，坚韧不拔地应对并推动国家前行的。她回答说："那就是我的毅力，我一直都很有毅力。我也相信，我们必须在不伤害自己的前提下，有尊严地去接受这些事情。我总是能找到坚持下去的力量，因为这是我的义务，也是我的责任，所以即使没有力量，我也会创造出来力量。如果我没有力量，我就从一些地方，比如我的内脏、我的胃、我的脑袋，从任何有可能的地方去获得力量。"

克里斯蒂娜担任阿根廷总统的角色蕴含着特殊的象征意义。阿根廷深受"五月广场母亲"运动的影响，这些为寻找失踪亲人不懈斗争的母亲和祖母群体备受瞩目。因此，作为女性领导人的克里斯蒂娜所承载的意义尤为深远。她表达了对这些坚强女性的深深敬意，她们在承受巨大个人悲剧的同时，始终秉持宽恕而非复仇的精神来追求公正。克里斯蒂娜回忆到，在具有里程碑意义的2005年，当阿根廷政府决定废除《服从法》和《全面停止法》这两项曾被用来掩饰侵犯人权行为的法规时,她第一时间向人权团体致以祝贺。正是国家曾经酿成了无数家庭痛失孩子的悲剧,一味要求她们服从这些法律有失公正。她补充道:"说实话,我不知道如果我是她们的话,我能不能做到通过如此民主的方式表达自己的诉求。这一点我得承认,我们必须站在一个孩子被带走的人的立场上去想问题。我不知道如果我的孩子们马克西姆和弗洛伦西亚失踪了,或者基什内尔失踪了,我会怎么样,我真的不知道,或许我做不到这么平和。"

历史与政治

2010年是阿根廷建国200周年,克里斯蒂娜·费尔南德斯的办公室里有许多伟人的画像,正是因为这些人,才有了我们所说的祖国。你可以看到圣马丁、曼努埃尔·多雷戈、马里亚诺·莫雷诺、马丁·米尔格·德·格梅斯等民族英雄。克里斯蒂娜总统对他们有着深深的敬意,但同时也避免将他们过度理想化。她认为,在主流历史叙事倾向于将这些人物塑造成坚如磐石般的圣人时,实际上存在着一种潜在的风险和误区。她说,"他们同样具有凡人的特质,亦即兼具优点与瑕疵,诸如吸烟的习惯、情感纠葛,或是对婚姻的不同见解,这与我们在日常生活中遇见的普通人并无二致。然而,问题的核心在哪里?倘若我们将他们塑造得毫无瑕疵,仿佛神坛上的完人,那么民众便难以找到共鸣,更无法想象自己能去践行如同圣马丁、贝尔格拉诺或莫雷诺等民族英雄那样的壮举。他们的价值,恰恰体现在其不完美性上——他们并非无懈可击,而这正是他们的可亲之处和激励力量所在。因为如果你是完美的，那么顺理成章，你做的事情也是完美的，但生活并非如此，历史更不是这样。历史并非由流畅自如的中国毛笔般精致的线条撰写而成，反而更像是以参差不齐的笔触记录人间万象。历史究竟以何书写？答案是，历史的记载方式随情境各异，时而浓墨重彩，时而铅笔素描，甚至有时，是镌刻在时光长卷上的血泪印记。"

谈到历史事件和历史进程，克里斯蒂娜·费尔南德斯就充满激情，她很喜欢历史，一直都喜欢。她是这样说的："我从小就对历史感兴趣。喜欢历史的人通常都喜欢政治，因为这两者之间联系紧密。我喜欢阅读关于罗萨斯、一神论者和联邦军的文章，同时我也喜欢希腊神话，我知道希腊和罗马两个版本的所有希腊神的名字，还有所有的神话和传说，我都特别喜欢。不管是在我特别小的时候，还是大一点之后上小学时，我一直都喜欢历史，古代史，近代史，文艺复兴，拿破仑时期，我唯一不喜欢的就是中世纪。"

修女

与克里斯蒂娜·费尔南德斯的会面有一个有趣的插曲。克里斯蒂娜曾在拉普拉塔的圣母玛利亚学校就读，该校的宗教教师玛尔塔·拉维诺修女和校长罗西塔·布兰科在总统办公室旁边的一个房间里等着克里斯蒂娜。在见到她之前，罗西塔回忆说："她总是化着浓妆，我跟她说必须跟其他人一样素颜去上学。玛尔塔会在学校里帮她把妆洗掉,但放学时克里斯蒂娜会拿出化妆的东西重新化好再出去。"节目录制结束后,克里斯蒂娜和她的老师们重逢了。玛尔塔对她说:"你比银幕上更漂亮。"三位女士共同回忆起另外一位曾与她们共度时光的修女——玛格达莱纳。据罗西塔透露,玛格达莱纳如今已脱下了修道服,并步入婚姻殿堂,现居于乌拉圭。她还说,"马格达莱纳正在投票支持左翼联盟"广泛阵线"。

当我询问她关于历史将会如何评判她在公共视野中的表现时,她明确表示不喜欢被塑造成一个冷硬的雕像式女性形象。"我认为自己深度参与了许多注定载入史册的重大事件,一直都这样认为。但老实说,我的梦想不是当总统,也不是名垂青史。"那么,她儿时的梦想是什么呢?她说:"小时候我想成为一名律师。不过,由于行政管理方面的原因,我后来开始学习心理学。我在梅塞里科迪亚学校学习的是商科,但当我后来想进入法学院学习时,我发现我们这些学商科的必须要先获得19个相关学分。于是我开始学习心理学,但我很快意识到这不是我的专长。幸运的是,那一年法学院的入学要求发生了变化,所以我中断了心理学的学习开始学法律,现在我就是一名律师。"的确,她成为了这个国家的律师和总统。

克里斯蒂娜·费尔南德斯接受的政治方面的教育比较多元,她的母亲奥费莉亚·威尔海姆和父亲爱德华多·费尔南德斯有着明显的思想冲突。用克里斯蒂娜自己的话说:"从性格上讲,爸爸是一个比妈妈安静得多的人,妈妈有一种野蛮的力量。他是个反庇隆主义者。如果得当爱斯基摩人才能反对庇隆，那我父亲就会去当爱斯基摩人。在他还是激进分子的那个时代，激进主义就是非常反对庇隆的。父亲对里卡多·巴尔宾推崇备至，他是一个忠诚的巴尔宾主义拥护者，从思想倾向上看，可以说他的政治立场偏向于右翼阵营。"

母亲奥费莉亚则是庇隆主义者，在庇隆主义运动的关键时刻，特别是在1973年庇隆将军结束流亡生活重返阿根廷时，克里斯蒂娜就同母亲并肩在一起。那一年的6月20日，奥费莉亚和她的长女克里斯蒂娜都在埃塞萨机场，亲眼见证了庇隆将军归国的历史性时刻。克里斯蒂娜说："那时震耳欲聋的炮声回荡，仿佛整个世界都将目光汇聚于此。我们早早地就抵达了现场，我陪在母亲的身旁，她期盼着能够亲历那一刻。我深信，即使历经两千万年的光阴流转，那一天的记忆也不会被遗忘。早晨十点，我们刚到不久，耳边便传来几声礼炮轰鸣，周围售卖香肠的小贩告诉我们不必惊慌，原来头天夜里就有同样的声响。最让人动容的是，我妈妈迟迟不愿离开。她跟我说她是来看庇隆的，她要留下来。当时已经是下午两点钟了，我们躲在几棵大树背后。最终我还是说服了她离开了那里。"

不过，克里斯蒂娜·费尔南德斯受到的政治启蒙不只是来自于父母。小时候她同外祖父住在一起，她的外祖父也是一名庇隆主义者。克里斯蒂娜补充说："他是狂热的庇隆主义者，比我母亲还狂热，他甚至一直保存着自己的入党证件，从小他就跟我谈论庇隆。"

在20世纪70年代那个风云变幻的年代里，人们往往难以置身事外，不得不在纷繁复杂的政治格局中作出抉择。正如她亲口所述，那个时期的磨砺以及家中围绕政治议题的激烈辩论，让她深刻领悟了一个道理：不能盲目崇尚任何极端立场。

意志

70年代对那个时代孕育出的领导者们产生了深远的影响，克里斯蒂娜·费尔南德斯自然也不例外。当我询问她对那个时代最为深刻的体会时，她强调的是一种勇于变革的意志。她提到："爱德华多·安吉塔和马丁·卡帕罗斯合著的《意志》一书，恰如其分地捕捉到了那个时代的精髓，生动揭示了那一代人矢志不渝的追求。那种坚定的意志力、强烈的责任感、团结互助的精神，以及愿意将集体福祉置于个人利益之上的崇高理念，构成了那个时代的显著特征。"

尽管心头萦绕着温暖的回忆，克里斯蒂娜仍然坚持认为，那段动荡不安的时代不应被过度美化。她指出："过度美化会导致很难认清现实，注意认清现实并不是接受现实。如果不能认清现实，理解现实，就很难找到正确的道路。"

20世纪70年代是一个孕育变革的年代，我问她哪些问题需要与那个年代割裂开来。她告诉我："随着庇隆的回归，阿根廷社会一度涌动着狂热的浪潮，然而很快，许多人开始质疑庇隆是否仍是阿根廷变革航程中的必然舵手。我从不同意这种做法，这里有一个非常明显的问题，不应该忽略庇隆、庇隆主义和人民在那段历史进程中所扮演的重要角色及其所创造出的价值。"

在动荡的70年代，许多政治领导人和学生因各种原因被捕。我问她是否也曾入狱，她点了点头。那是在1976年1月，当时国家总统还是伊莎贝尔·庇隆。她向我们讲述了那段经历：

> 1976年，我和基什内尔被关进监狱，一同入狱的还有我们的一位挚友和他的妻子梅布尔。我们四人于1月6日晚被捕，罪名是违反了第19840号法律，也就是《国家安全法》。可怜的梅布尔与此事毫不相干，因为她既不是庇隆主义者，也不是组织成员，而且她一生都在责备她丈夫的这两个身份。当时，梅布尔完全不知所措，整天以泪洗面，我试着安慰她。我们被关在里奥加耶戈斯的第三警察局，那里专门用来关押女性，因为当时还没有女子监狱。除了我们之外，第三警察局还关着三个普通囚犯，我现在还记得她们那些奇奇怪怪的事情。有一个每天往丈夫的马黛茶里放一点点铊，想要毒死她的丈夫，我想她大概是某位警察士官的妻子。还有一个是因为在妓院里杀死了情人进去的。另外一个女孩不是囚犯，而是被安排先住在那里，因为她的继父试图强奸她。警察局的人跟她们说我们俩是危险的游击队员，让她们无论如何都不要靠近我们。后来日子一天天过去，我们几人趁军官们不注意，开始透过窥视孔聊起天来。幸运的是，后来我安然无恙。因为当时奥兰多·帕罗林任省审计厅长，他跟当时的军事负责人说，"要么把他们四人交给行政部门处理，要么放他们自由，因为我不希望在我们省里有政治犯"。后来他

们决定把我们放了,我们便顺利出狱了。当时是一月,我记得我对基什内尔说:"接下来发生的事情会很可怕。"

随之而来的便是1976年3月24日的政变,从那时起阿根廷开启了有史以来最血腥的军事独裁。那段时期留给克里斯蒂娜最深的感受就是恐惧。她告诉我:"独裁统治之后,我再也没有感到过恐惧。那种让人瘫倒的胃痛,那种恐惧我只有在独裁统治时期感受到过。"克里斯蒂娜承认自己不擅长抵抗身体的疼痛,她当时最害怕的就是遭受酷刑。克里斯蒂娜说:"如果有什么事情伤害了我,我有能力反抗,我在其他方面也有很强的抵抗力,但身体上的疼痛我真的受不了。记得在生马克西姆的时候,我请医生尽量给我多打麻药,因为我不想受苦。医生跟我说不应该让宝宝遭罪,我告诉他也不应该让产妇遭罪。"

在独裁统治的七年阴霾之下,一批原本有望成为国家未来政治领袖的人才,在恐怖统治中不幸陨落。克里斯蒂娜认为:"显然,在统治阶层内部存在着显著的代际隔阂,其中不乏具有价值与影响力的人物。我记得卡洛斯·拉博利塔,我们非常要好的朋友,他在1976年失踪前送给内斯托尔·基什内尔一本安德烈·马尔罗的《人类的处境》,而送给我一本莱奥波尔多·马雷夏尔的《战争》,这两本书我现在还保存着。"尽管存在着个人的回忆,但克里斯蒂娜说,"最重要的不是个人的故事而是集体的故事。后现代时代存在一个问题,那就是个人的故事被广泛书写,相对忽略了集体的故事。"

"她疯了"

克里斯蒂娜在拉普拉塔国立大学的同学奥费莉亚·塞多拉向我们讲述了这位阿根廷现任总统在学生时代的忙碌生活:"我们一起修习了几门课程,也成为了朋友。她是为数不多的在求学同时兼顾工作的同学,而我们大多数内地学生只专注于学业。她才华出众,总是热情地捍卫自己的观点。有一次,我们几位同学意外目睹了她参加期末考试的场景,她竟然勇敢地站在了与主考教授截然相反的立场上激烈辩论,我们都说她疯了,因为我们简直不敢相信,在如此重要的场合敢于挑战权威,实属不易。"

集体的故事

当前拉丁美洲的局势与上世纪90年代相比已发生了显著变化。普遍共识认为,这是一个书写集体新篇章的时代,但并不是简单地重现70年代的情景,而是要开启全新的历史篇章。克里斯蒂娜说:"在我看来,我们现在正处于一场新的独立运动之中。首场独立运动发生在两个世纪以前,那是我们挣脱殖民统治桎梏的时刻。而今天,我们面临的是经济独立的新阶段,这意味着要发展本土经济,提升社会福祉,改善民众生活质量。"

在探讨新自由主义阶段和20世纪70年代后,我们转向了当今拉丁美洲政府角色的议题。克里斯蒂娜·费尔南德斯分析道:"这种认为政府不存在或政府不应该存在的观点,以及政府阻碍经济运行的看法,虽在阿根廷乃至拉丁美洲部分地区有所流传,但这并不代表整个区域都认同这一观点。以我们的邻国为例,巴西的资产阶级和商业界人士普遍表现出更强的国家意识,就不接受这样的看法。"

新一代的拉丁美洲政治领导人对本地区的团结有了新的诠释,这种团结是以包容各方多样性的原则为基础构建的。克里斯蒂娜强调:"我们无疑面临着艰巨的任务,因为各国有各自的权益诉求与分歧存在。然而,我坚信我们的努力是值得的。我们必须要找到处理这些分歧的程序、工具和机制,确保能够在协作中共同进步,尤其关键的是避免内部冲突,以免沦为外部势力操纵的棋子。我们所有人在这一点上有着清晰的认知,并且在我们的各种会议中,可以明显看到大家是依据这一共识进行协同合作的。尽管每位领导人各有独特的表达方式和行事风格,但我们都非常明了亟待解决的关键问题所在,同时也清楚划定了一些不可逾越的红线,一旦跨越,将会危及整个地区的稳定与发展。"

谈及拉丁美洲团结这一主题时,克里斯蒂娜的话语中再次充满了无比坚定的力量。她进一步阐明:"在拉丁美洲,我们所需要的并非空洞的口号,而是各国政府切实履行承诺,付诸实际行动。我们必须深刻认识到,只要妥善处理好内部分歧、真诚接纳彼此差异,21世纪的拉丁美洲必定能在全球舞台上扮演核心角色。我们共享同一片大陆,是一个命运共同体,历史反复证明,每当拉丁美洲各国陷入对立、分裂与疏远,必将付出惨痛的代价。我们无需粉饰彼此间的差异,因为我们本就各具特色。然而,与此同时,我们每个人也比以往任何时候都更像是我们所处的社会的缩影。"

  一部凝聚过去数十年集体记忆的历史叙事,犹如一座坚实的桥梁,将过往与现在紧密相连。这部历史叙事与马尔维纳斯群岛争端相关。克里斯蒂娜·费尔南德斯毫不讳言自己对维护马岛主权的坚定立场,并借此机会阐述了她对那场战争及其后续影响的独特见解:"当我们近距离接触那些阵亡士兵的家庭,便会发现他们中的绝大多数来自于社会底层。历史一再昭示,为国家牺牲的往往是那些物质资源最为匮乏的人群,就如同独立战争时期一样。广大普通民众对国家怀抱深厚的自豪与归属之情,而这种情感在富人阶层中往往较为淡薄。"

  关于马尔维纳斯战争的讨论,自然而然地引出了困扰拉丁美洲众多民众的深层次社会问题——严重的不平等问题。对此,克里斯蒂娜·费尔南德斯深有感触:"作为阿根廷的国家元首,我始终把打造一个更为公正的社会作为至关重要的使命,让每个阿根廷人都能在其中享受到公平待遇。现实是,我国仍旧存在着显著的不公平与不公正现象,这不仅体现在财富分配的悬殊,更渗透在社会的认可体系之中。在阿根廷,个体并非都能得到平等对待。譬如,居住在首都、拥有金发碧眼的人,其发展机遇往往远胜于那些身处北部偏远省份、肤色较深的原住民库雅人。因此,我坚信公平不仅关乎经济地位的调整,更涵盖了社会认同的重塑,其核心在于对每个个体尊严的尊重与平等对待。"

未来

克里斯蒂娜·费尔南德斯不愿看到历史中的伟大人物仅被后人以冰冷的大理石雕塑形式铭记,她本人同样抗拒这样的命运。她期望未来的史书记述能详实地记录她在总统任期内推行的若干革新之举,对此,她亲自列举如下:"首要的是,我希望人们记住我在任内积极推动并深化了国家急需的各项改革。其中最为关键的一项成就,便是促成了全新《视听媒体服务法》的颁布。自1983年国家恢复民主制度以来,社会各界对这一议题进行了持久而热烈的辩论,但实质性的变革却长期搁浅。另外,我还着力解决了工人基金的管理问题,并且一直坚持不懈地推进收入再分配政策的改革。"

接下来,谈话转向了其他重要议题。克里斯蒂娜·费尔南德斯颇为自豪地提及,她在任期内实现了对国际货币基金组织巨额债务的全额偿付,进而迈出了终结阿根廷长期债务违约状态的关键一步。此外,她还成功推动了最高法院的重大改革,终结了自上世纪90年代卡洛斯·梅内姆总统时期沿袭至今的所谓"自动多数制"。克里斯蒂娜进一步强调:"这项司法系统的深层结构性变革意义重大,我在此也要肯定当时议会展现出的高度责任感,他们敏锐响应了社会的呼唤,积极参与并推动了这一改革的实施。"

在总结其政府治理成果之余,克里斯蒂娜·费尔南德斯也对政治在现代社会的功能与角色进行了深度思考:"政治的本质在于变革现状。倘若我对现状并无异议,那便意味着我认为一切已然完美无缺。若真如此,我大可选择留在家中,无须涉足政坛。在我看来,投身政治意味着对周遭世界持有不满,进而从个人的视角与理念出发,去积极改造并完善这个世界。当然,这种观点并非封闭僵化,而是具备开放性和讨论的空间。只要我们身处一个真正的民主国家,并始终坚持以民主手段行事,那么这样的努力必将在现实中产生积极效应,且理应赢得人们的尊重。"

在告别之前,克里斯蒂娜说,她不希望自己的形象在多年后变成一幅肖像画。她还说:"人应当抵御住为往昔编纂传记的诱惑,避免成为自我经历的剖析者。人生的历程应顺应时间之河与历史脉络自由流淌,关键在于每个恰当的时刻,我们都忠实履行自身的职责。然后,历史会证明一切。"诚然,历史将会证明一切。

玻利维亚

埃沃·莫拉莱斯

打倒那个印第安人

　　胡安·埃沃·莫拉莱斯·艾玛于1959年10月26日出生于玻利维亚奥里诺卡州的伊萨拉维市,一个与壮美波波湖相依相伴的地区。他的政治生涯始于工会工作,1983年,他在查帕雷工会联盟中初露头角,担任体育秘书一职,展现出卓越的组织才能与对基层民众疾苦的深刻理解。随后,1988年,他晋升为科恰班巴地区联合会的执行秘书,继续在工会领域发挥领导作用。至1996年,莫拉莱斯的影响力扩展至更大范围,他被推举为该地区六家联合会协调委员会主席。1997年,莫拉莱斯的政治影响力跃升至全国层面,他成功当选为玻利维亚国会众议员,代表第27选区的查帕雷,这一里程碑式的胜利标志着他正式步入国家政治的核心舞台。经过数年的耕耘与积累,2005年12月,他以争取社会主义运动候选人的身份赢得了空前的民意支持,当选玻利维亚总统。次年1月,莫拉莱斯庄严就职。莫拉莱斯的执政获得了民众的持续认可,他在2009年12月的选举中再度胜出,开启了第二个总统任期,于2010年1月正式展开新一轮的国家治理。在其领导下,玻利维亚在捍卫环境、促进社会公平以及提升原住民权益等方面取得了显著进展。自2007年起,他连续多年被多个拉丁美洲社会组织提名为诺贝尔和平奖候选人,以表彰他为捍卫"地球母亲"所作的不懈努力以及在全球环保议题上的突出贡献。这一殊荣反映了国际社会对其倡导生态主义政策与推动可持续发展的高度赞赏。尤为值得一提的是，2010年4月，玻利维亚立法大会通过一项具有开创性的立法，正式以法律形式确立了对"地球母亲"的保护，这一举措无疑是对莫拉莱斯绿色发展理念的有力背书。时间来到2023年9月，他毅然宣布将参与角逐2025年的玻利维亚总统选举，意在续写其致力于民族振兴与社会变革的政治篇章。

"必须打倒那个印第安人"。2006年1月22日,埃沃·莫拉莱斯就任玻利维亚总统,成为南美洲首位来自原住民社区的总统,从那一天起,这句话就一直萦绕在他的耳畔。根据玻利维亚寡头的说法,必须要打倒这个印第安人。

埃沃·莫拉莱斯深谙自身肩负的历史使命与时代重任,这份认知犹如烙印般镌刻在他的言行举止之中。只需聆听他沉稳有力的话语、观察他每一次深思熟虑的呼吸,抑或是留意他每一个富含决心与智慧的手势,皆能感受到他那份对职责的庄重承诺与无比敬畏。莫拉莱斯的存在,对于玻利维亚乃至整个拉丁美洲的原住民社群而言,象征着一种前所未有的可能性与希望。他明白,自己的每一次决策、每一次行动,都将成为评判原住民能否真正掌握国家权力、实现平等参与现代政治生活的试金石。倘若他不能胜任总统之职,那么这扇刚刚开启的历史窗口可能就此关闭,原住民追求政治赋权的道路或将再次陷入漫长而艰难的等待。这种压力与期待,非但没有使他退缩,反而激发了他更加坚毅的信念与执着的追求。他说:"因此我脑子里有一个想法,那就是必须努力成为最好的总统。"

埃沃是艾马拉人的后代,因此有三句话他永远不会忘记,那就是ama sua、ama quella 和 ama hulla,意思分别是不偷窃、不懒惰、不撒谎,这是每个艾马拉人都必须遵守的祖训。在埃沃看来,正是这些特质让他当上了玻利维亚总统,尽管他并不以总统自居。埃沃说:"现在我才稍微有点习惯,但我还是不觉得自己是总统。客套地打招呼,礼节性的事务,一大堆助手,这些我都无法理解,我觉得自己失去了隐私。我更喜欢与同志们一起交谈，到人民中去，即使这会带来一些问题。我真的不觉得自己是总统。"

出于另一种原因，他的反对者们也不把他当作玻利维亚政治领袖。埃沃告诉我："我不知道在我们国家还有共济会。"能听出来埃沃感到很惊讶。"他们是寡头集团，叫嚣着：'可怜的印第安娃，让他当两三个月总统，然后他就滚蛋了，我们会把他赶走，他当不下去的。'一年过去了，在2007年的一份报告中他们说：'这个印第安人会待很长时间，我们必须做点什么。'2007年过去了，到了年底他们说：'我们怎样才能打倒这个印第安人？我们要制造通货膨胀和经济波动。'所有人都只想着如何打倒这个印第安人。我想对他们说的是，也许出于某种机缘巧合，他们可以打倒这个印第安人，但他们打不倒的是人民。"

面对埃沃·莫拉莱斯，就如同置身于一部活生生的历史长卷之前，与历经五个世纪沧桑的美洲大陆之魂进行了一场跨越时空的对话。此刻，你仿佛能够触碰到那些世代居住于此、却长久以来承受着不公待遇、被主流叙事边缘化的原住民群体的心灵深处。他们曾饱受剥削和压迫，他们的声音曾被历史的洪流淹没，他们的存在曾被视为边缘与异质。然而，这一切都在莫拉莱斯当选总统的那一刻发生了转折，历史的天平开始向长期被忽视的原生力量倾斜。坐在他面前，你如同目睹了一幅生动的画卷缓缓展开：那些曾经被剥夺尊严、权利与希望的面孔，如今因他的崛起而焕发出新的光芒。他们的眼眸中闪烁着激动的泪光，嘴角扬起久违的笑容，那是对历史正义迟到的认可，是对自己身份与价值终获尊重的喜悦。

小埃沃和他的梦

埃沃只是一个熟睡的孩子,他梦见自己走在许多蛇中间,不知道该往哪里走。他哭着醒来,告诉妈妈:"妈妈,我梦见蛇了。"母亲对他说:"小埃沃,你以后会有很多钱的。"埃沃·莫拉莱斯动情地讲述了这个故事,他的母亲、他的梦和他的哭声突然出现在我们谈话的办公室里。"我没有很多钱,但足够我生活的了",埃沃补充说,然后跟我们讲了他另一个梦。"我十四五岁的时候,梦见自己在飞,一片云飘过来。我就想,如果我钻进云里,还怎么看东西,又会看到什么。我告诉爸爸我梦见自己在飞,然后我就哭着醒了。爸爸对我说,'你将来会很好的,小埃沃,你必须尊老爱幼,才会在生活中得到尊重'。我觉得我的梦给了我很多指引。"

从这些轶事中我们不难发现,童年对于埃沃来说,是他持续反思自我、提炼智慧、滋养心灵的生命源泉。这个阶段,犹如一座永恒闪耀的灯塔,始终照亮他在人生航程中找寻方向、汲取力量的道路;又似一片宁静深邃的港湾,每当他在人生的惊涛骇浪中颠簸疲惫时,总能提供一处避风停泊、修整思绪的庇护之所。埃沃接着说:"我觉得我从父母那里继承的最好的东西就是诚实。小时候,他们总是说做人要诚实、透明和真诚。父亲经常告诉我,如果我缺少什么东西,我应该借,或者说'请送给我吧',但绝不能偷,也不能撒谎,这是一个基本原则。"小埃沃是一个幸福爱笑的孩子,在玩耍嬉戏中就跟爸爸迪奥尼西奥和妈妈玛丽亚学习了许多道理。埃沃说,他的父亲经常对他说,他看起来像一个"乐天的傻子"。就这一点他给我们讲了一个故事。"我总是很乐天。我父母的经济情况肯定也不是很好，但我每天吹着口哨，唱着歌，追着绵羊和羊驼到处跑。有一次，我记得父亲让我去遛猪，结果我没有在猪旁边跟着走，而是骑在猪身上，猪一直把我往地上扔，我就再骑上去，如此往复。后来叔叔们跟我说我整天抱着猪，我记忆最深的就是骑着猪欢天喜地回家。所以我爸爸常说我是乐天的傻子。我就到处跑来跑去，开心得不得了，童年应该说是很快乐的。"

我告诉他，有一件事是我们阿根廷人引以为豪的，那就是他童年有段时光是在胡胡伊省的卡利莱瓜度过的。埃沃花了几分钟时间讲述了这段经历：

有一些邻居，一些叔叔，他们经常去阿根廷参与收割，收割季时那边会招人。有一年我父亲也决定去干收割的活，当时我有五六岁，跟父亲和姐姐一起去了阿根廷。我们在比利亚松待了一段时间，然后从那里去了拉基阿卡，等火车等了好几天，最后终于上了火车到了阿根廷。我们住在卡利莱瓜的一个营地里，那里食物紧缺，仅有的就是一些糖和烤面条，橘子对我来说就是奢侈品了。在那里生活了一段时间后，我就去上学了，因为要求孩子们必须上学。我当时很害怕，因为我对西班牙语一窍不通。他们点名时说"埃沃·莫拉莱斯"，我也默不作声，因为我不知道该怎么回答，所以我总是默默地坐在最后面。后来我们搬到了另一个营地，收割结束了，我也没再去上学了，因为离学校太远了。后来我学会了在河里游泳。我印象最深的是，那次在阿根廷我们第一次买到了一张小床,以前我们都睡在地板上。我们带回来的那张小床现在还在,它是莫拉莱斯家的第一张床。这都多亏了收割季,多亏了我们去了阿根廷。

莫拉莱斯总统很重视教育问题,从童年时代起,教育就一直是他关心的问题。埃沃小时候,母亲曾给他讲过一个叔叔的故事,说他是奥里诺科第一个识字的人。埃沃就问:"他是怎么学会读书写字的?"这并不是一个幼稚的问题。当时在奥里诺卡州没有学校,原住民也被禁止学习,所以他们会在茅屋里秘密开设一些课堂。埃沃告诉我,当他有机会阅读一些如福斯托·雷纳加等原住民运动捍卫者的文章时,他惊讶地发现,第一批学习读写的克丘亚人竟然会被惩罚,砍掉手或者挖掉眼睛。

我问他,如今是否有可能通过学校教育来保护土著语言。他说:"这是另一个问题。首先必须有一所用土著语言授课的大学。刚开始在中小学里教土著语言时,大家是接受的,但后来家长们提出了抗议。我记得当时我主持了六家联合会和科恰班巴地区联合会会议,家长们说:'我们同意孩子们学习艾马拉语、克丘亚语和其他土著语言,但他们也要学好西班牙语和另一门外语。'我问他们为什么要学西班牙语,要学英语、法语或德语,他们告诉我:'因为课本都是用这些语言写的,没有用盖丘亚语和艾马拉语教学的大学。如果在中小学不用西班牙语教学,那就是在伤害我们的孩子,让我们的孩子上不了大学。'他们说得有道理。"

埃沃家的房子

在奥里诺卡州这片广袤而质朴的土地上，我们有幸得当地一位热情淳朴的居民引领，探访了承载着埃沃童年岁月的旧居。那是一座典型的土坯结构小屋，异常简陋，若以民间俗语来形容，便是身处荒郊，四壁萧然。的确，这座小屋并非矗立于村落之内，而是直接建在田地里。时至今日，一些海外访客在亲临此地后，依然难以置信。他们心中或许曾构想出一幅截然不同的画面，以为这位世界瞩目的政治领袖儿时所居应是多层建筑。但事实并非如此，埃沃是个农村孩子，在那个年代，偏远的农村地区物质条件极其有限，人们生活简朴，房屋简陋，这是再自然不过的事实。

埃沃·莫拉莱斯童年时代的另一个大问题，也是今天作为总统面临的问题，就是粮食问题。埃沃说，他的父亲不在乎孩子们的衣服是否破旧，衣服就是要物尽其用。他父亲总说："我们可以穿破旧的衣服，但绝不能饿肚子。"有时家里只有玉米，早饭、午饭、晚饭都是玉米。他们偶尔会吃肉，绵羊肉或者羊驼肉。工作就是为了让一家人能吃上饭。埃沃的父亲说，"吃饭是首位的"，这句话在小埃沃的脑海中不断重复，曾经那个稚气未脱、面庞洋溢着纯真笑容的骑猪少年，如今也是执掌国家舵轮、决定民族命运的总统。

工会领袖

"实际上,我并不是原住民的领袖,因为我学习的是如何做工会领导人。"埃沃·莫拉莱斯在2006年就职时是这么说的。他既是玻利维亚总统,又是原住民最高领导人。埃沃说,他的父母都是原住民领袖,他看着父母工作耳濡目染,也成长成了一名领袖。埃沃说:"我近距离地看到了他们如何管理、如何开展工作、如何动员社会力量,而工会的工作是很不同的。"

1980年,一场大旱迫使莫拉莱斯·艾玛一家从奥里诺卡地区搬到科恰班巴的查帕雷。在那里,21岁的埃沃·莫拉莱斯第一次参与古柯种植,并很快看到了种植古柯的人们生活条件之恶劣。这是他后来加入工会活动的催化剂。还有一件事情给年轻的埃沃·莫拉莱斯留下了深刻的影响。1981年,一名古柯种植者在奇皮里里中部的森达拜尔被杀害。当时,路易斯·加西亚·梅萨政府的一群士兵殴打了这名工人,因为他不愿承认贩毒,之后他们就将燃料倒在他身上。从那一天起,埃沃就下定决心要成为一名人权斗士,同时为古柯的自由种植而战。

1983年,莫拉莱斯开始担任查帕雷工会联盟体育秘书,此联盟汇聚了安第斯高山区十多个土著民族代表,共同致力于提升原住民生活品质。此后,他相继担任工会秘书长、地区联合会执行秘书及科恰班巴六家联合会协调委员会主席,工会内的崇高威望为其日后步入政坛奠定了坚实基础。他自己是这么说的:"27岁时,我得到了领导联合会的机会,我告诉自己,如果我作为工会领导人没有达到人们的期望,新一代的年轻人就再也不会有机会领导地区联合会。"埃沃作为总统实际上也是抱着这样的想法。

在那个年代,受人认可的工会领导者是什么样的?玻利维亚总统告诉我们,"你不可能有任何娱乐消遣,因为你最重要的就是做工会领袖该做的事情。我记得很清楚,当时经常带着电视机、录像带和发电机上山,我们会看厄瓜多尔、秘鲁和许多其他国家的工会斗争录像,一直看到晚上11点。然后我们会停下来喝点啤酒,等到凌晨一两点继续开始工作。"

埃沃·莫拉莱斯还说,在他担任工会领导人期间,一些总统、部长和天主教会领导人曾与他接触,试图阻止他的活动。"他们直接或间接地向我提供好处,甚至许诺给我提供奖学金让我上大学。"

玻利维亚总统曾经说过,他毕生所从事的唯一全职事业,也是内心深处挚爱无二的使命,便是矢志不渝地捍卫那片孕育生命、承载文化的古柯林地、丰饶土壤以及神圣疆域。然而,这位对土地怀有炽热情怀的工会运动旗手,面对时代的呼唤与民族的期待,深知自身肩负的重任已超越单一领域的斗争,必须顺应历史潮流,毅然转身,迈出那一步——那将改写国家命运、镌刻民族记忆的壮丽步伐。于是,埃沃·莫拉莱斯,这位昔日工会运动的领军人物,顺理成章地完成了从社会活动家向国家政治领袖的身份跨越,以更加广阔的视野与更为深远的影响力,继续为他所挚爱的土地与人民,倾注全部热情与智慧,引领玻利维亚走向新的辉煌。

从政的埃沃

玻利维亚的历史长卷中,似乎早已铭刻下难以撼动的宿命:广袤乡村的劳动者们循环往复地沦为政坛博弈的棋子,他们在政客们野心勃勃的权力追逐中被轻易召之即来、挥之即去。每当选举之际,这些辛勤的农人被许以短暂的希望之光,成为政客们通往国家议会阶梯上的垫脚石。然而,一旦这些政客手握权力、步入权力殿堂,原住民的福祉与诉求便如梦幻泡影般消散于权力游戏的云烟之中,被迅速遗忘在角落,无人问津。面对这般残酷而冰冷的现实,亟需一位破局者,一位深植于工会土壤、与原住民血脉相连的斗士,挺身而出,以实际行动打破这令人窒息的轮回。这位领袖,应当是从底层斗争中淬炼出来的工会领导人,具备深厚的草根根基与战斗精神,对原住民的困苦与期盼有着切肤之痛的理解。唯有这样的人物,方能在国家议会的殿堂中,以原住民代言人的身份,为被遗忘的群体振臂疾呼,确保他们的声音在权力的最高层得到真实的回响。

1995年,农民和原住民组织成立了"争取人民主权政治机构"(IPSP),其宏伟目标就是争取地方和国家权力。国家选举法院驳回了IPSP这个缩写和"争取人民主权政治机构"的独立法人身份,因此这个新组织以"争取社会主义运动"(MAS)的名义参加竞选。1997年,埃沃·莫拉莱斯已经是众议员,他的政治生涯拉开了帷幕。那是怎样的一段时光?用埃沃自己的话说:"在查帕雷,有时我会作为基层代表参加一些会议和谈判,联合会的领导人也会在场,当有人提出一些切实建议或结构性变革时,他们会说:'不不不,你越界了,这个政治不是你能搞的，你的政治是斧头和砍刀，那才是你该干的。'我们无法提出纲领性或意识形态方面的建议。"

埃沃·莫拉莱斯直言不讳地揭露了一个令人警醒的现象：在过去的选举季，新自由主义政党惯以短期恩惠为诱饵，换取他们在选票上的支持。这种策略如同一场精心设计的心理战，旨在模糊农民们的长远判断，使他们在短暂的物质诱惑面前，暂时忽略政策背后的深远影响及其对自身长远利益可能造成的损害。选举日到来之际，农民们在短暂欢愉的氛围中，手中的选票在不知不觉中滑向了那些看似慷慨解囊、实则可能侵蚀他们根本权益的新自由主义政党。莫拉莱斯解释说："比如1995年就是这样。维克托·帕斯·埃斯滕索罗赢得了选举，在农村地区获胜的是革命民族主义运动，而在矿区，你想象一下，获胜的居然是独裁者乌戈·班塞尔·苏亚雷斯。当然，他们都没有赢得半数以上的选票，但他们在议会中结成了联盟，所以他们可以随意实施反对农民运动、人民运动、工人运动和矿工运动的提案。而我就开始反思了：他们是如何利用我们的选票，实施不利于我们的政策的？"

对埃沃·莫拉莱斯来说，关键在于发动一项持续演进且激发广泛探讨的政治运动，其核心价值在于深刻认识到人民手中选票所蕴含的决定性力量与民主尊严。埃沃说，"我是相信人民的良知的"。

此后，一切都来得很快。2002年，50多万玻利维亚人将选票投给了"争取社会主义运动"，该党产生了36名的新国会议员。自2004年以来，"争取社会主义运动"一直是玻利维亚最大的政治力量。

埃沃告诉我，2002年时他的政党还没有做好执政的准备。虽然他认为投票有问题，并且反复说："他们窃取了我们的选票。"但他也承认，当时还不是上台执政的时机。埃沃说："2002年我第一次当总统候选人，当时我们只列了一张单子，就像其他工会组织一样，笼统地说：'我想要这个、这个和那个'，但没有任何方案。就这样，我们得票率排在第二。全国选举法院批准的五个合法政党联盟以不到1%的胜率击败了我们。我当时很害怕，因为如果我们为了获胜而结成政党联盟，我们就会让人民失望，我们就无法治理好国家。我觉得美帝和美国大使缺乏智慧，美国大使为了让我败选，把右翼政党联合了起来。如果不是这样，而是让我这个'左翼分子'当上总统，那么在议会130个席位中仅有27席的情况下，我不可能搞好国家。那样的话，我们连一年都撑不下去，会是一场彻底的失败。但在2002那年，当选总统的最终还是贡萨洛·桑切斯·德洛萨达。"

2010年，埃沃·莫拉莱斯已经开始了他的第二个总统任期。为什么需要两个任期才能有效地推行政策？埃沃回答说："需要更多的时间来巩固变革，在五年的任期里，你无法保证任何结构性改革、社会或文化变革能完全实施好。这一点在工会斗争中也非常重要，因为如果没有这么多年的认可，我永远不可能成为玻利维亚总统。"

政府之手

埃沃·莫拉莱斯知道，他并不是一个人在战斗。拉丁美洲的政治形势与十年前截然不同，十年前新自由主义还在苟延残喘。埃沃说："我认为拉丁美洲正在经历的一切很有意思,这是人民对帝国、对跨国公司、对掠夺自然资源的伟大反抗,是一场争取社会正义的反抗。"

我问他在他看来,玻利维亚正在开展的进程与拉丁美洲大陆其他地方发生的事情有无关联,他给出了一个令人惊讶的回答,"我觉得,我们在每个地区、每个国家的情况都不一样,但我们是互补的,我们致力于解决社会问题,特别是能源、水和通信等基本服务问题。我们不同总统之间、政府之间的互补性对于巩固拉丁美洲的变革进程至关重要。"

我经常在自由派媒体上看到一些专栏,他们对拉丁美洲"民众主义政府"的发展进程表示担忧。在提到埃沃·莫拉莱斯或乌戈·查韦斯时,会将他们定义为半独裁统治,指责这些政府试图建立一种单一的看待问题的方式。而现在,埃沃说,该地区现任领导人们的最大价值在于他们彼此不同。他接着说,"拉丁美洲的最大优势在于团结,同时尊重多样性。这就是我们一直为之奋斗的目标:团结并且尊重多样性。就总统来说,我们就是非常多样的。有一位来自工人工会运动,有一位来自原住民农民工会运动,有知识分子,有女性,有军人,有经济学家,现在还有一位牧师加入了我们。"

早上五点

开车送我们去采访埃沃·莫拉莱斯的出租车司机为自己国家的总统感到非常骄傲。他说:"我从早上五点开始工作,每次都能看到我们总统。我晚上十一二点下班,他办公室的灯还亮着。我这才意识到,他一直都在工作。"这位出租车司机还对当前的政治进程进行了思考:"我们的总统非常努力。他正在进行一场和平的革命。"

这种宏大而深具凝聚力的"大祖国"理念,其核心支柱之一无疑是南美洲国家联盟的创立与发展。埃沃说:"南美洲国家联盟的作用是带领我们拉丁美洲人解决拉丁美洲自己的问题,而不是受制于域外他人。已经没有什么帝国可以征服我们,南美洲国家联盟就是要把我们从帝国中解放出来。"

当埃沃·莫拉莱斯涉入政治议题的探讨时,其表现之自如与投入,就如同他谈论起艾马拉民族深邃的文化传承、质朴的乡村生活方式,抑或是激情澎湃的足球世界一般,全然流露出一种源自内心的亲近与热爱。此刻的他,面容总是被一抹温暖而真挚的笑容点亮,那笑容仿佛在诉说着他对这些关乎人民生活、民族精神和社会脉动主题的由衷关切与深深认同。

我对他说,在目前政治局面下,不平等仍然是拉丁美洲地区令人关切的问题,因为拉丁美洲不是最贫穷的大陆,但却是最不平等的大陆。一个不可回避的问题是,有哪些手段可以解决拉丁美洲的不平等问题。埃沃表示,玻利维亚正在采取相关的措施,并给出了具体的例子:"我们已经决定,将为小麦、大米、玉米和大豆这四种重要农作物的生产提供零息信贷,这些小微企业主就有了启动资金,然后不断发展自己的业务。以前,他们只能从私人银行获取贷款,年利率高达36%。"

然后是关键所在,什么样的政策才能减少不平等。"我认为是政府之手,"埃沃说,"国家的参与极其重要。当然,在20世纪80年代,我们被告知私营企业是解决腐败和失业问题的根本。但是,正如我们所看到的那样,在新自由主义的框架下当他们试图摆脱政府之手时,失业问题反而加剧了。"

玻利维亚总统对于阐述强势政府及其职能展现出了极高的热忱。在他眼中,政府不仅扮演着监管市场的角色,更是国家经济活动的核心驱动力。他特别提及了玻利维亚国家石油公司,这家公司自1936年成立以来,专注于石油资源的勘探、开发、精炼以及销售等全产业链运营。在总统的叙述中,国家石油公司无疑是国内首屈一指的企业巨头。提及这一点时,他言语间洋溢着骄傲与自豪,因为这不仅仅是一家企业的兴衰历程,更是国家主权与经济自主权的生动写照。他回顾了石油公司在历史长河中的两次重大转折:一次发生在1997年,当时贡萨洛·桑切斯·德洛萨达政府推行私有化改革,公司部分资产被剥离,成为外资与私人资本竞相追逐的焦点;另一次则是2006年,在他本人的领导下,国家果断采取措施,将石油公司重新收归国有,此举象征着国家对战略资源控制权的坚决捍卫,以及对民族经济发展路径的自主选择。埃沃说:"国家石油公司属于国家和人民。"

在环境问题上,玻利维亚总统表示,拉丁美洲是世界自然资源的宝库,这一点他深信不疑,但他也对环保组织进行了批评:"欧洲人以保护环境为借口不希望我们用电,不希望我们建立热电厂、水电站和地热发电厂。所有这些都是为了让我们拉丁美洲做牺牲来拯救他们的生命,而最终这一切他们还是要毁掉。保护地球母亲很重要,但为我们的人民发电也很重要。我是环境的捍卫者,但我们不应该被敲诈。有些基金会和非政府组织误导我们的人民,这里面的问题必须要说清楚。"

因此,玻利维亚总统的政治哲学深深根植于对环境保护的坚定承诺、对国家主权的无畏捍卫以及对南美一体化合作的热切追求,旨在构建一道坚实屏障,抵御外部世界大国利益对本国及区域自主性的潜在侵蚀。用埃沃自己的话说:"我们必须为捍卫自然资源而战,为国家的穷人和被剥削者、成千上万的工人和失业者的权利而战,为重建我们的家园而战,为捍卫生命本身而战。与其屈从于帝国,不如屈从于人民。人民是评判我们这些总统、副总统和省长最好的法官。"

下一站

我问埃沃希望在人们的记忆里他是一个怎样的总统。埃沃并不十分清楚他希望历史如何书写,原因也很简单,他并没有想过要史上留名。我又问他:"你希望你的孩子们怎么评价你?"然后他对我说:"每个家庭,不只是埃沃·莫拉莱斯,都希望为大家服务,特别是当我们参与政治事务时。"他的眼睛一亮,"我希望像那些领导人一样被人民铭记,比如图帕克·卡塔里、路易斯·埃斯皮纳尔神父、切·格瓦拉。"这幅血脉图谱描绘了一幅引人瞩目的历史群像,四位人物各具鲜明的时代特征与历史贡献:一位是18世纪在上秘鲁英勇引领反殖民起义的艾马拉英雄,一位是跨越大洋、为人类尊严与自由事业献身的西班牙籍牧师，一位是在拉丁美洲多国留下足迹的阿根廷革命家，最后则是拉丁美洲史上首位以原住民身份荣登总统宝座的破冰者。他们共同构成了一个跨越时空、凝聚多元力量的光辉谱系，各自以不同方式在各自的领域内书写了对正义、自由与民族自决的不朽赞歌。

  对于这位有着原住民祖先和工会斗争经历的领导人来说，"下一站"在哪里？卸任总统之后有什么计划？埃沃简单地说："任期结束后我会找一个伴侣，然后去查帕雷。"此刻，他心中那份渴望无比明晰，犹如灯塔照亮前行之路，眼前的世界已然被一幅浓墨重彩的热带乌托邦画卷所占据。在这理想中的乐园里，他将在宁静与和谐中悉心培育古柯树丛，每一株都承载着他对返璞归真生活的深深向往。那里，繁文缛节荡然无存，取而代之的是自然的韵律与大地的静谧；那里，世间的嘈杂与纷扰消散无踪，唯有清风徐来、林叶婆娑，构成一首无声却动人的田园交响曲。最为珍贵的是，他将彻底摆脱社交的枷锁，无需再因义务而向任何人点头致意，尽享那份独属于己的自由与隐逸之乐。

拉美之声

巴西

卢拉·达席尔瓦

劳工

路易斯·伊纳西奥·卢拉·达席尔瓦于1945年10月27日出生在伯南布哥州内陆的加兰洪斯市。已婚,育有五个子女。12岁时,他在一家干洗店找到了第一份工作,还未成年时获得了国家工业学徒服务局的机械车床操作员证书。1969年,他当选为圣贝尔纳杜·杜卡普冶金工人工会候补秘书。1972年成为该工会第一书记,1975年当选主席,并于三年后再次连任。1980年2月10日,一个具有里程碑意义的日子,他以其前瞻视野与坚定信念,亲手缔造了劳工党这一政坛新星,旨在为劳动阶层发声,推动社会公正与进步。短短三年之后,即1983年8月,他再度展现其卓越的组织才能,积极参与并成功构建了劳工统一中心,进一步巩固了劳工运动的联合阵线,为实现广泛的社会变革奠定了坚实基础。1986年,凭借着深厚的民意支持与显著的公共影响力,他成功当选为制宪会议联邦议员。尽管在随后的1989年、1994年以及1998年连续三次角逐总统宝座的过程中,遭遇了暂时的挫折,但这并未削弱他的决心与民众对他的期待,每一次竞选都见证了他坚韧不屈的精神风貌以及对理想的执着追求。时至2002年,历史的天平终于向他倾斜。在那场举国瞩目的大选中,他赢得了近五千三百万选民的热烈拥戴,不仅一举问鼎总统宝座,更创造了巴西历史上空前的最高得票纪录，充分彰显了他的广泛号召力与深入人心的政策主张。首次任期的成功，促使他在2006年的大选中再获民众信赖，顺利实现连任。伴随着新年的钟声，他于2007年1月1日庄严宣誓，开启了第二个总统任期，直至2010年12月圆满落幕。多年后，他在2022年的风云际会中再度出击，凭借其丰富的执政经验和深厚的民众根基，最终在激烈的大选角逐中胜出。2023年1月1日，这位政治家身披荣耀，第三次就任巴西联邦共和国总统，肩负起为期四年的国家领导重任，矢志续写改革传奇，擘画巴西未来的新篇章。

"我之前不喜欢政治。"

一位从2003年1月1日就开始执政巴西的总统怎么会不喜欢政治呢？卢拉·达席尔瓦解释说："在1978年以前，工会运动和工人斗争就是我的全部。但两年后，我成立了一个政党，成为了州长候选人，然后当上了共和国总统。"

卢拉是拉丁美洲首位工会领导人出身的国家总统。曾经是工人的身份对他而言是否意味着特殊的责任？卢拉说："是的，我比来自中产阶级或上层社会的总统、商人或知识分子出身的总统肩负着更多责任。为什么？因为我能够当选本身就战胜了许多成见。之后，我的政府也面临着许多成见，我必须每天去证明自己是有能力的，夜以继日地坚持把工作做好。我常说，一个来自更高阶层的总统在落选或卸任时，会去纽约待一年，伦敦待一年，巴黎待两年，而我不会。当我的任期结束时，我会回到圣贝尔纳杜·杜卡普，也就是我曾经工作的工会附近。因此，我必须把事情做好，每天醒来我必须做正确的事，因为如果我让人民失望，可能要过三四十年才能再抬头做人。所以说我和玻利维亚的埃沃·莫拉莱斯身上的责任，比起其他那些中高层社会出身的总统要大得多。"

卢拉·达席尔瓦知道，他的上台给工人阶级带来了希望，因为他们可以在他身上看到自己的影子。他接着说："我认为，唤醒那些底层民众，让他们认识到他们也可以获得成功，他们可以成为胜利者，这是一件了不起的事情。我在社会运动的许多发言中都是这么说的。即使你在生活中遇到困难，也不应该气馁。我们必须坚持不懈，必须去奋斗。我总是对年轻人说：'如果你不相信任何政治家，那么你就去从政吧！'因为年轻人所需要的完美政治家也许就是他们自己，而不是某个已经当选的人。这就像是对年轻人说：'如果你想获得成功，就必须要敢想敢做。'我们每天都要有目标有成果，即使是在逆境中。我输掉了三次选举，本可以放弃，但正是因为我的坚持，最后成功了。在我选举中失败时，回到家，我妻子会说：'卢拉，够了，别再折腾了；你已经失败了一次，你已经失败了三次了。'但我在11月输掉选举，1月就已经开始在巴西各地活动了。为什么呢？是为了鼓舞我们队伍的士气。"

我向卢拉总统抛出了一个问题：他的家族中是否有影响深远的人物，以其坚毅品质潜移默化地塑造了他无畏挑战的精神。对此，巴西国家领袖并未给出简洁的回答，而是选择娓娓道来一段绵长且情感深沉的家族叙事，这是一段饱含生活磨砺与人性光辉的故事：

> 我想我要说的话适用于阿根廷、委内瑞拉、巴西和巴拉圭，适用于我们这里的所有国家。我们拉丁美洲有一个问题，那就是在过去三十年中家庭结构的解体。贫穷导致酗酒、失业、离婚、家庭暴力，导致孩子们失去了参照的榜样。这是我们今天面临的一个严峻问题，尤其是在大城市的郊区。但幸运的是，我的母亲还是在非常恶劣的条件下养育了我们八个孩子，她一直都是我的榜样。我18岁之前一直在工厂领工资，收到工资后我会密封在信封里交给她，可以说工资不是我的，而是她的。母亲并不识字，但她很好地养育了一家八兄妹，一家人相处和睦，从来没有争吵过。当然，

这么多人在一起是经常有小分歧,我们十三个人住在一个房间里,但也就是小分歧而已,从没争吵过。母亲与父亲分开后离开了家,她没有工作,就带着我们来圣保罗谋生。我们住在一家酒吧的最里面,同酒吧的客人共用一个厕所。所以说,如果家庭里有一个强大的人物,无论是母亲还是父亲,那么就很有可能建立一个有尊严的家庭。我的母亲在千辛万苦中养育了八个孩子,既没有一个当小偷,也没有一个做强盗。我相信,在拉丁美洲有千千万万这样的母亲,即使身处逆境也尽全力照顾着自己的孩子,她们是有勇气的女性。因为我们知道也有些女性屈从于男人,失业了要依靠丈夫的工资生活。但在巴西,在阿根廷,在拉丁美洲的各个角落,都不乏这样伟大的母亲,比任何男人都更有能力领导一个家庭。我的母亲就是这样的,所以她是我的榜样。

卢拉的双亲在三十年前相继去世,遗憾的是,当时身为儿子的他,因投身罢工斗争而身陷囹圄,未能亲自陪伴至亲走完生命的最后一程。首先,卢拉总统讲述了父亲去世时的情景,并介绍了他的性格:"我父亲是在1978年去世的,我当时参加了反对埃内斯托·盖泽尔独裁统治的罢工,后来入狱了。我父亲有26个孩子,因为他还有其他伴侣,但他死时却一贫如洗,孩子们都和他不亲。他是一个很粗暴很坏的人,不是称职的父亲。当我收到信时他已经去世13天了。现在我原谅他了,但他不是个好父亲。"

1980年4月,卢拉·达席尔瓦领导了为期41天的罢工,有27万名圣保罗工人参加。因为那场罢工，他被逮捕了一个月。在那期间，他的母亲去世了。他说："我母亲那时病了，她不知道我在监狱里，因为我和兄弟姐妹们设法不让她看电视，这样她就不会知道我被捕了。葬礼那天他们让我去参加了，有两个人陪我去了墓地。有意思的是，葬礼结束后工人们反抗不让我回监狱，不让我上巡逻车，他们向巡逻车扔石子和砖头。后来我不得不说服他们，让他们知道我必须上车回监狱，因为我们另外13名同志还在监狱里。"

卢拉谈起母亲时情绪激动，从他的每一句话、每一个手势都能看出他对母亲的感情。我怀着敬畏之心，向这位国家领袖抛出了一个问题：在您荣膺总统高位，肩负起领导国家重任的这些年里，可曾无数次设想，倘若母亲能够亲眼见证这一历史时刻，目睹自己的儿子登上权力之巅，成为巴西人民的引路人，她将会作何感想。卢拉说："没有，从来没有想象过。1961年，当我成为国家工业学徒服务局的一名学徒时，她就觉得是最大的荣耀，因为我有机会学一项技能了。作为她最小的孩子，我是八个兄弟姐妹中第一个拥有职业的。我一直在想，如果我母亲还活着，能看到她最小的儿子当上了共和国总统，那会是她最高兴的事情。但是我相信有来世，所以我想她已经看到了。"

在巴西总统做决定遇到困难时，有没有通过回忆母亲来获取帮助？他回答说："不，不，我不会要求她帮我这些。实际上我在做决定时并不困难，虽然我需要听取更多不同的意见。如果我能召集社会运动成员各抒己见，那我就会召集，因为你听到的观点越多，你就越容易做出决定。所以我认为我迈出的每一步都有母亲的参与，尽管我不要求她帮我做决定,但她一直在推动我做决定。"

命运掌握在他的手中

　　巴西总统手中掌握着巴西同胞生活条件的好坏,在当国家领导人掌握人民命运前,他就有将自己和他人的命运掌握在手中的经验。在拉丁美洲地区,没有任何一位国家领导人像他那样从事过体力劳动。卢拉·达席尔瓦从18岁起就从事车床操作员的工作。他说:"当时全靠手工,没有像今天这样的自动车床,也没有设定好程序就能加工出零件的编程车床。那时候你必须手工完成所有工作,就像是手工艺一样,这个活很有意思。而且这份工作让我从挣最低工资一下子涨到了最低工资的十倍,我的生活也发生了翻天覆地的变化。当了车床操作员之后,我买了一辆汽车,每个月可以带妻子去两次餐馆,收入甚至比医生还高。正是因为接受过车床操作员的培训,我才有了今天,否则我都不知道自己会成什么样。真的,如果留在东北部我可能早就死了,就像我的许多亲戚一样,死于酗酒,死于肝硬化,因为他们无所事事,没活可干。谢天谢地,我的母亲来到了圣保罗。"

　　卢拉提到的那次搬家发生在他七岁的时候,那次旅行历时13天。巴西总统回忆了起来:"我们坐的卡车没有座位,只有几块木头横放在卡车里,我们就坐在木块上,既没有椅背可靠,也没有抓手可扶。路上我还看到了一辆黄色的壳牌卡车,里面装着汽油。那一刻我的梦想就是成为一名卡车司机,不是随随便便的一辆卡车,而是那辆卡车!"

那个孩子还有其他梦想吗？他说："我承认，我从未梦想过成为总统，也从未想过成为政治家。我的梦想很小，我会想早饭吃什么，吃早饭时想午饭吃什么，吃午饭时想晚饭吃什么，因为这就是生存法则。"

卢拉·达席尔瓦从未梦想过成为总统，但他还是尝试了四次。他接连输掉了三次选举，第四次成功了。他告诉我，在输掉大选后，他必须迅速振作起来，以免打击同志们的积极性。但在最初的几次竞选中，他做好了获胜的准备吗？他说："1989年，在我第一次败给费尔南多·科洛尔·德梅洛时，我已经掌握了大选的主动权，距离成功就剩临门一脚了，但我认为我们犯了经验不足的错误。比如在最后一场辩论那天，我36小时没睡觉，大家都知道，人如果很困大脑就会逻辑不清。尽管我不该去，但我还是去了。辩论输了，选举也输了，但你想知道我现在是怎么想的吗？我觉得上帝自有安排，因为我们那次就不应该赢。我们当时非常激进，如果赢了大选，以我当时的言论，估计当不了八个月就要下台。而2002年我获胜时，我们已经很成熟了，也已经做好了治理国家的准备。"

在家里

卢拉的哥哥若泽·费雷拉·达席尔瓦把我们带到他女儿罗莎工作的酒吧。她向他打听卢拉的情况。大家都叫他小弗雷，他说："卢拉很好，工作狂，我看他的工作跟奴隶差不多，但是他喜欢。"然后，他坐下来，谈起了他的弟弟："卢拉没有自己的生活，他过去的四十年生命都献给了斗争。"卢拉的堂兄曼努埃尔·费雷拉·德梅洛回忆起巴西现任总统的母亲："她从不叫他卢拉，就叫他路易斯。他很调皮，无论他做什么坏事，她都会对他说：'路易斯，你过来！'"曼努埃尔讲了他表弟的一件事情："你可能会想，我是个穷卡车司机，总统表弟是不会记得我的。但其实总统记得我，他给我寄来了邀请函，邀请我去看他就职。邀请函寄来了，机票也买好了，让我穿着西装去。"卢拉的另一位堂兄吉尔伯托·费雷拉·德梅洛说："卢拉什么也没给过我，但他给了所有巴西人民。我们不需要他的帮助。我靠这片土地过活，不羡慕世界上的任何人。"

路易斯·伊纳西奥·卢拉·达席尔瓦即将完成他作为巴西总统的第二个任期。克服逆境是他政治生涯和个人经历的标签，他是如何将这些挫折转化为自己的优势的？有什么特质使他成为了总统？卢拉说："我认为自己是一个非常幸运的人。我之所以能有今天的成就，大概是冥冥之中有天助。既不是什么魔法，也不是因为我的聪明才智，就是冥冥之中自有天意，或许有人信有人不信，但我是相信的。我经历了很多逆境，太多了，所以完全有理由变成一个脾气暴躁的人，但我没有。我一生从未收到过任何礼物，17岁时我第一次给自己买了一个橡皮球。第二份礼物就是我给自己买的一辆旧自行车，链子总是掉。1965年，经济危机爆发，我失业了一年半多。后来我母亲看到她的四个孩子都失业了，没有东西吃，而我从来没有听她抱怨过一句没有食物。我想，这也塑造了我少抱怨的性格。你一无所有时，与其抱怨，不如去创造，去争取。"

卢拉不断争取，1966年加入了工会。他在维拉雷斯工业集团冶金公司工作，这家大公司位于圣保罗大都会区一个叫圣贝尔纳杜·杜卡普的地方。他职业生涯的一个重要转折点是因为他的哥哥若泽·费雷拉·达席尔瓦，人称小弗雷。小弗雷在卢拉的人生转折中扮演了什么角色？巴西总统讲述了这样一个故事："他是一名共产党员，只是没有人知道，因为他是地下党员。1972年，他有机会成为冶金工人工会主席，但因为他是地下党员无法担任这个职务，而且工会里已经有一位他所在的工厂的领导了。于是他对工会领导们说：'我弟弟在维拉雷斯工作，为什么不邀请他来呢？'于是他们邀请了我，我很害怕，因为当时军事政权非常残酷，迫害了许多共产党员和参加武装斗争的同志。总之因为我哥哥，我才进入了工会世界。"

卢拉说小弗雷是他的兄弟姐妹中政治意识最强的。他说他们经常争吵，因为他哥哥经常叫他去参加秘密会议，但卢拉不喜欢这种方式。卢拉说："我不会去参加秘密会议！因为你在秘密会议上说的话，我在工厂大门口就能说。"小弗雷就开始紧张和担心起来。卢拉补充道："我们当时发表的讲话是很多人不敢讲的，就连许多受过意识形态培训的人都因为害怕不敢讲。"1975年，小弗雷被独裁政权逮捕，遭受了酷刑。出狱后，他的兄弟卢拉对他说："你为什么不报复折磨你的人？你可以去找他们，把他痛打一顿。"但小弗雷只会说："算了，都过去了。"

在最初的引荐之后，卢拉开始了自己的工会生涯。同年，也就是1975年，他以92%的选票当选冶金工人工会主席，成为了十万工人的代表。1978年，他再次连任，他的组织工作从根本上改变了巴西的工会运动面貌，十年没有罢工的巴西终于迎来了圣保罗十七万冶金工人大罢工。

尽管这位工人领袖起初展现出对政治事务的淡漠，但探究其步入政治舞台的路径及其如何从基层工会抗争跃升至国家层面的权力博弈，实则揭示了一段引人深思的转变历程。至关重要的是，这一转变的触发点与催化剂，正是由一系列罢工行动所引发的深远社会反响与政治效应。卢拉说："我认为人的政治意识是不断发展的。1978年，我担任冶金工人工会主席时突然意识到，必须要从政，我认为有些事情是总统该做的，但只有自己当上总统才能做到。那一年，巴西的劳工部长制定了一项法律，阻止工会领导人组织银行职员、服务站人员和教师等重点岗位的罢工。我反对这项法律，所以去了巴西利亚的众议院同他们谈，告诉他们不能通过这项法律，但就在那一刻，我发现议会里没有工人代表。我回到圣保罗后就在想：'如果议会里没有我们工人代表，怎么能让他们制定有利于工人阶级的法律呢？'1978年7月15日，也就是我儿子出生的那天，我第一次提出要建立一个劳工党，这样人民才能在这个国家享有权力。在24年之后，劳工党才赢得了总统选举。具体来看就是，我们组建了一个党，有自己的工会中心，并且进入了政府。"

美洲巨人

2010年，卢拉·达席尔瓦成为两亿人的总统。巴西，作为全球人口规模排名第五的国家，不仅是拉丁美洲无可争议的代表性力量，更是该地区在国际舞台上最为瞩目的名片。坐拥区域内最辽阔的疆域，巴西凭借其最为完善的工业体系与无可匹敌的经济实力，稳居拉丁美洲经济发展的龙头地位。因此，巴西的兴衰起伏在很大程度上被视为关乎整个拉丁美洲发展前景的关键风向标。巴西如何领导拉丁美洲各国共同发展？卢拉认为："事实上，我不喜欢谈论如何领导，因为每个国家都有自己的主权。只有被别人投票选出来，才有可能成为领导者，所以我不能说我是拉丁美洲的领导者，因为没有人让我去领导拉丁美洲。的确，巴西因为其经济和政治的重要性更有代表性，但是很显然，我不需要任何人的授权来捍卫拉丁美洲，我捍卫它是因为我觉得这样做是对的。"

我问卢拉·达席尔瓦，巴西如何推动拉丁美洲更好地发展。巴西总统说，拉丁美洲地区需要得到强化，为此，巴西和阿根廷需要更好地相互理解。他补充说："这样一切都会变得容易。阿根廷人和巴西人真正需要的是抛开细枝末节的争吵和过去的虚荣心，像两个真正的大国一样坐下来。两国之间一直残存着一些历史成见，科洛尔·德梅洛和卡洛斯·梅内姆总是为谁和乔治·克林顿关系更好而争论不休。'我在他的庄园里喝了两杯咖啡，我喝了三杯比你多'，阿根廷和巴西不需要这些。阿根廷必须是强大的拥有主权的国家，巴西同样也是，当我们不再把对方视为对手而是盟友时，事情就好办了。我们要尊重我们的主权，并在巩固政治联盟方面更具建设性。"

卢拉在分析中提到了美国前总统克林顿。为什么美国会对拉丁美洲国家的决策产生如此大的影响？美国对拉丁美洲的干涉有多少责任在拉丁美洲国家自身？卢拉直言不讳："有很多人说，'我们穷是因为美帝国主义'，但美帝国主义只是对一些国家产生了不好的影响，因为这些国家的精英有问题。如果精英们更加诚实，为主权而战，洪都拉斯就不会发生针对曼努埃尔·塞拉亚的政变，阿根廷、巴西、巴拉圭和乌拉圭几十年前也不会发生政变。在此之前，巴西和阿根廷眼里只有欧洲和美国，委内瑞拉、厄瓜多尔、哥伦比亚和玻利维亚只盯着美国。我在巴西担任最重要的工会领导人长达十年之久，却从未被邀请到任何拉丁美洲国家访问，但每个月都会去欧洲。"

目前拉丁美洲地区的形势已经不同，那么拉丁美洲是如何调转方向的？他作为巴西总统，采取了哪些措施来避免对美国的依赖？卢拉解释说："我2003年1月1日就职，但在12月10日我就去拜访了美国总统乔治·布什。我跟他会面就发现他一直在谈论伊拉克战争。我对他说：'总统，我跟伊拉克没有关系，我的战争不是针对伊拉克的，我的战争是针对巴西的饥饿和贫困的。'他甚至想让巴西也卷入伊拉克战争。巴西和伊拉克有什么关系呢？我们知道那里没有化学武器，因为调查委员会主席就是巴西人，他现在是巴西驻伦敦大使，他说伊拉克没有化学武器。在我回到巴西后就坚定了两个信念。首先，我们必须终止美洲自由贸易区。第二，我们必须改变外交思路。2003年1月23日我参加了达沃斯经济论坛，回国后我对外交部长塞尔索·阿莫林说：'我们必须改变世界政治和贸易格局，不能再走老路了，我们必须把目光放到南美。'这也需要分阶段进行：首先是南方共同市场，其次是南美洲，然后是拉丁美洲，之后是非洲、亚洲和阿拉伯世界。我们必须在外交关系中优先考虑这些国家。"

巴西

众人口中的总统

路易斯·马里尼奥是圣保罗州圣贝尔纳杜·杜卡普市市长。他说:"我是在工会里认识卢拉的。当时我是大众汽车公司的一名工人,他是工会主席。他总是在公司门口举行集会,谈论斗争的必要性,谈论我们面临的问题,他的话很有感染力,工人们都被他说服了。累西腓市劳工党市政委员会成员康塞桑·法里亚斯讲述了她给卢拉投票的经历:"卢拉竞选联邦众议员时我给他投了票,这违背了我前夫的意愿,他甚至都不知道我投给了卢拉。他希望我把票投给保罗·马卢夫,还在我家门外贴了一张马卢夫的大海报,但我不会投给那个无耻之徒的,他还说我们的总统是'长胡子的癞蛤蟆'。我把票投给了卢拉。"巴西劳工党全国委员会委员若昂·保罗·利马·席尔瓦说:"卢拉勇于为人民而战斗,人民会永远记住他。他是伟大的巴西民族英雄,在这场革命中没有武器,没有独裁,有的是对对手甚至是对阶级敌人的尊重。"

卢拉·达席尔瓦说,在这六年中,南美洲与非洲和中东的关系有了很大发展。他还说,要巩固地区一体化,就需要建立机构来保证民主决策。他说,巴西已经提议在本地区建立防务委员会和打击贩毒大会等机制。他满怀希望地说:"我们必须建设好这些,我们已经失去了20世纪,不能再浪费21世纪,必须把21世纪利用好。要实现我们的目标,就必须在和平、民主的环境下,依靠强有力的政府,实行大量的社会政策。我们要在教育方面投入大量资金!换句话说,用十五年或二十年的时间投资教育，就能解决国家所需，这也是最伟大的革命，而我们目前在巴西就是这样做的。"

卢拉总统的说法激发了我们对巴西现行发展模式的探究。他开宗明义，明确巴西并非遵循21世纪社会主义范式，而是在其任期内践行一种独具特色的治理之道，并深究其背后的缘由与策略。

我有一个责任，我需要证明我有能力治理好巴西，我的责任就像一个母亲一样。比如有一位布宜诺斯艾利斯郊区的母亲，她有八个孩子，她疼爱每一个孩子，但她总是特别照顾最弱小的孩子，这个孩子不是最漂亮的，也不是最聪明的，但是最需要帮助的。这就是母亲的天性，也是我要治理巴西的方式。我们必须照顾最贫穷的人，因为富人不需要政府，这是真理！富人找政府时，想要10亿、20亿、30亿的资金，穷人找政府时，要的是10比索、50比索、50雷亚尔、50美元。换句话说，世界上最简单的事情就是为国家最贫穷的那部分人考虑，这是最简单的事情，我选择了这样做。这样，这个国家的穷人就会认可你，你可以去最贫穷的地方，人们都知道我们在照顾他们。但我们仍然做得不够，还需要做得更多，比如我们在教育方面所做的工作，人们只有在十到十五年后才能感受到成果。我们正在建设214所职业技术学校，而在过去的一百年里，他们只建了40所。我们还在新建两所大学，其中一所是非裔大学，一半招收非洲学生，另一半招收巴西学生。这就是我们要留下的伟大遗产，在我们之后的人必须要做得更多。我们会继续努力,我想让人们知道,无论之后谁上台,都必须做得更多,必须更加关心人民,更加尊重人民。最基本的理念就是:"巴西是你们的。我只是一名工会工作者,你们才是巴西的人民。因此,请你们帮助我们决定,告诉我们需要做什么。"

近两年的一个重要话题就是金融投机引发的国际危机,我问他对这场危机的起因和后果有何看法。卢拉说:"我认为富裕国家比我们负有更大的责任。危机在2008年爆发,但它其实一直在国际金融体系的各个层面累积。没有人能在不产出任何东西的情况下赚钱。我卖给你一张纸,你再卖给他,他再卖给另一个人,另一个人再倒手,换句话说,50个人都从一张纸上赚钱,这是不可能的。我认为,这场危机暴露了全球金融体系的问题,尤其是市场的问题。我经历过上世纪八九十年代,那时候市场之手被当成是万能的,可以解决教育、失业等任何问题。但最终市场被证明不是万能的,因为当需要它的时候,它却无所适从,还是要由政府出面拯救经济,目前的这场危机也要求政府再次发挥重要作用。我不想要一个管理型的政府,也不想要一个企业型的政府;我认为政府应该把控全盘,控制好金融体系。"

不一样的一月

2011年1月1日,路易斯·伊纳西奥·卢拉·达席尔瓦将卸任巴西总统。他说,那一天他肯定会很难过,因为那将是恢复民主以来他首次无法参加竞选。卢拉补充说："我想选民们去投票时会有点想念我。我已经为2011年1月2日做好了准备，因为一觉醒来，没人会骂我，没人会帮我接电话，我会过上一种平静的生活。我也不想给人出主意，我没有权利去教赢得选举的人该如何做事。我将完成我的任期，无论谁来执政，都有自由去做自己认为最好的事情。我想我已经完成了我的工作，我将在65岁时完成我的任期，是时候冷静一下了。"

他希望后人如何评价他？史书会如何评价他的两个任期？卢拉畅想道："我希望人们记住的是，我是与社会运动联系最紧密的总统。但其实很难去想十年或者二十年后人们会如何评价我，我觉得不要有太多的期望。我希望我的继任者也有这样的执政理念，而且成绩更加突出，然后我就会被遗忘，就是这个简单的道理。我现在唯一想做的就是离开总统岗位，走到大街上，让他们喊我'同志'，就像以前那样，我可以把大家都当作同志。所以说我在共和国总统任上的时光只是我人生的一个阶段，我将回到正常的生活中去，和朋友们一起喝啤酒，一起打牌，我还想去参加冶金工人工会的集会。我会继续思考，我的头脑还是很清醒的，只是不想再工作了！"

卢拉总统的笑声洋溢着温暖与豁达，仿佛在那一瞬间，我面前的这位世界舞台上的政治巨擘化身为一个鲜活的人生故事讲述者。坐在我对面的，是一位自幼年起便投身劳苦，历练于生活底层的少年，他那坚韧的出身痕迹深深镌刻在岁月磨砺的面庞之上。他曾经是一个无意涉足政坛的工会领袖，却凭借对工人权益的执着坚守与卓越领导力，赢得了广泛的民心，最终走向权力的中心。在我们的对话过程中，卢拉总统生动呈现出一个多维度的领导者形象：既是那位在任内锐意改革、积极进取的国家元首，又是那个始终牵动着拉丁美洲脉搏的核心人物，他的影响力辐射整个地区，塑造着历史的走向。尽管肩负重任，他却始终保持那份源自底层的亲切与随和，笑容如阳光般洒满整个房间，映照出他的乐观天性与深思熟虑的智慧光芒。在握手告别前，他请我向拉丁美洲人民转达最后一句话。他说："我们贫穷既不是因为上帝要我们贫穷，也不是因为美国人或欧洲人。我们之所以贫穷，是因为几个世纪以来，即使在西班牙人走后，我们的精英阶层依然没有以民主公平的方式对待国家创造的财富。我们必须要做出决定，我们要建设什么样的国家，建设什么样的大陆，因为要么我们自己决定，自己建设，要么我们一事无成，无路可走。拉丁美洲未来二三十年将发挥更重要的作用，对此我充满希望和信心。要实现这一点我们要做的还有很多，要捍卫和平民主，加强社会参与，优化资金分配，提高人民生活水平，因为这些才是最重要的。我认为拉丁美洲正在进行一场了不起的民主革命，这场革命有优点也有不足，但人民已经动员起来了，大家已经意识到过往许多做法是不对的。人民期待着改善，最贫穷的人开始抬起头来，也正因为如此我赢得了2006年的大选。此外，我们的责任感更强了，因为当左翼进入政府时，我们不是来演讲的，我们是来治理国家的！"

哥伦比亚

阿尔瓦罗·乌里韦

游击战与暴力

  1952年7月4日阿尔瓦罗·乌里韦·贝莱斯出生于麦德林。乌里韦的人生轨迹交织着深厚的学术造诣与丰富的公共服务经历，其个人与职业成就皆彰显出卓越的领导力与不懈的求知精神。他与琳娜·莫雷诺·梅希亚结婚，育有两个孩子。曾在安蒂奥基亚大学学习法律。1993年获哈佛大学行政管理学位，并在该校攻读了冲突谈判专业。1998至1999年，获得英国文化协会西蒙·玻利瓦尔奖学金，在英国牛津大学担任副教授。1976年，担任麦德林公共企业资产主管。1976至1978年，担任劳动部秘书处秘书长。曾任麦德林市议员和市长。1986至1994年，担任国家参议员。1998年，当选为安蒂奥基亚省省长。2002年，当选哥伦比亚总统，并于2006年连任，任期于2010年8月结束。

与哥伦比亚前总统阿尔瓦罗·乌里韦对坐，你面对的是领导拉丁美洲暴力问题漩涡的国家领导人，亦是对该问题最为关注的拉丁美洲总统。过去35年间，哥伦比亚革命武装力量的游击战术与传统战争逻辑持续困扰着哥伦比亚各届政府。2010年，哥伦比亚32个省中的24个省都有哥伦比亚革命武装力量的身影，哥武大约有六千名成员。据报道，哥伦比亚革命武装力量至少还在其他四个国家活动。哥伦比亚政府将哥武视为恐怖组织，但并非所有拉丁美洲国家都做此判断。

20世纪80年代，哥伦比亚社会治安形势陡然恶化，这主要源于该时期出现的一股旨在对抗日益猖獗的游击队势力的准军事力量。这些准军事组织，以捍卫地方利益、对抗左翼游击武装为旗号，迅速在全国各地涌现，成为与政府军并行的武装力量。它们的出现，表面上是为了填补国家权力在偏远地区可能存在的真空，实质上却在很大程度上加剧了国内的武装对立与暴力冲突。与此同时，哥伦比亚的贩毒集团势力亦在暗中滋生壮大，它们不仅拥有强大的经济实力和组织架构，还与国内外黑市交易网络紧密相连，形成了盘根错节的利益链条。这些犯罪团伙不仅从事非法毒品贸易获取巨额利润，更与国内的游击队及准军事组织形成复杂的关系网络，时而敌对交锋，时而勾结共生，通过提供资金、武器支持甚至直接参与冲突，共同编织了一张错综复杂的暴力之网。如此一来，哥伦比亚陷入了游击队、准军事组织与贩毒集团三股势力相互交织、互为倚仗又相互争斗的恶性循环之中。它们之间的矛盾冲突、利益争夺与暴力报复行为，使得哥伦比亚社会长期笼罩在暴力事件频发、安全形势严峻的阴霾之下，普通民众的生命财产安全遭受严重威胁，国家的法治秩序和社会稳定遭到严重挑战。这一时期的哥伦比亚，因其暴力问题的极端严重性，成为了国际社会广泛关注的焦点。

阿尔瓦罗·乌里韦举止庄重，言语间透着坚定与决绝，他的每一个细微动作、每一句掷地有声的话语，无不在无声地诉说着哥伦比亚当前政治社会环境的紧迫与严峻。乌里韦的话语重心始终聚焦于打击暴力犯罪、恢复社会秩序这一核心议题，无论是政策主张的阐述，还是战略规划的部署，无不围绕着消除暴力、守护公民安宁生活这一根本目标展开。

相较于周边其他国家的领导者，阿尔瓦罗·乌里韦总统的心头大事始终与两大阴霾密不可分：恐怖主义的威胁与贩毒活动的肆虐。当外界普遍将哥伦比亚视作一个充斥着暴力与危险的国度时，人们不禁追问：这片土地上，恐怖主义、游击战与贩毒活动是如何盘根错节、深深植根的？整个拉丁美洲固然都曾经历过暴力的洗礼，为何唯独哥伦比亚的暴力问题如此难以根除？乌里韦向我们介绍了这段历史：

> 关于这一主题，已有众多学术专著和历史文献详尽探讨，为深入理解提供了丰富的知识宝库。在此，我力求精要概述一下：哥伦比亚自脱离西班牙殖民统治赢得独立后，其历史进程波澜壮阔，充满了曲折与挑战。特别是在19世纪，这个新生国家经历了数次剧烈的社会动荡与军事冲突，其中最令人瞩目的莫过于1902年告终的"千日战争"。这场旷日持久的内战不仅见证了国家内部政治派系间的激烈对抗，更造成了极为惨重的人道损失。据估算，超过十万人在战火中丧生，无数家庭破碎，社会经济遭受重创，整个国家陷入深

重的经济萧条与精神创伤之中。值得一提的是，在这一动荡的历史背景下，哥伦比亚失去了一块曾被视为其国家荣耀与财富象征的领土——巴拿马。巴拿马的独立，对于当时的哥伦比亚而言，无异于剥离了一颗镶嵌在皇冠上的璀璨明珠，其战略与经济价值的丧失，对哥伦比亚的国际地位与未来发展产生了深远影响。诚然，哥伦比亚曾经历过一段长达四十年相对平稳的时期，然而即便在这样的和平表象之下，政府对于权力的行使仍怀有深深的忌惮与不安。进入20世纪40年代中期，随着政党支持的游击队力量崭露头角，新的动荡因子开始动摇这片土地的宁静。这些游击组织在本质上与前一个世纪的内战冲突有着共通之处，皆以追求自由民主为旗帜，然而其斗争手段与内战时期的暴力并无二致。尽管这些游击队的活跃时段相对短暂，但其存在期间无疑给社会带来了极度的动荡与暴力阴影。与此同时，准军事组织同样以暴力手段介入社会政治舞台，其活动特征与游击队如出一辙，均表现为极端的暴力冲突与社会动荡。更为糟糕的是，伴随着贩毒活动的日益猖獗，这些非法武装团体——包括游击队与准军事组织——在很大程度上得到了贩毒收益的滋养。它们不仅接受贩毒集团的资金支持，更与其形成了相互依存、互为钳制的复杂关系网，通过相互利用对方的力量与资源，进一步加剧了国家的危机状态。这种由武装冲突、毒品犯罪交织而成的恶性循环，使得哥伦比亚陷入了深重的社会危机与安全困境之中。

乌里韦将当前形势的重点放在了打击贩毒问题上。他试着分析症结并提出自己的看法:"首先要做的也是最重要的就是打击贩毒活动,这需要人人都出力。我认为在毒品问题上存在一个错误的立场,如今毒品合法化的说法甚嚣尘上,甚至很受欢迎,而我认为毒品合法化会导致对毒品消费的放任,我们需要做的是大力打击消费这一环节。大家还忽视了毒品对生态环境的影响,毒品可能导致亚马逊流域的植被被破坏。我们必须从环境的角度来看待毒品问题,因为毒品可能会毁掉亚马逊雨林。"

让我们再次聚焦于哥伦比亚所面临的暴力问题这一核心议题。阿尔瓦罗·乌里韦曾指出,在过去的某个时期,哥伦比亚社会普遍存在对强力推行国家安全政策的深深忌惮。彼时,任何倾向于采取文明、理性和对话导向的政策措施,往往会被误解为国家意志的软弱和对暴力行为的妥协。这种观念在很大程度上阻碍了对暴力根源的有效治理,使得国家在应对武装冲突、犯罪活动等方面显得束手束脚。然而,乌里韦强调,当国家安全政策被重新构想并纳入民主治理框架之内,作为一项旨在保护全体公民生命财产安全、维护社会秩序、促进国家长远发展的措施时,公众的观念与国家的行动策略发生了显著转变。他说:"这就是为什么我们要谈民主安全,要谈民主价值观,要谈自由,我相信这可以帮助哥伦比亚从根本上走出这场危机。我想强调两点:第一,目前哥伦比亚只有政府负责打击犯罪。此前在许多地区国家司法被篡夺,甚至被废除,一些家庭纠纷、个人斗殴、人身伤害、凶杀等案件会提交给游击队或准军事恐怖分子头目那里去判定。但现在,哥伦比亚全境已经恢复了司法效力；第二，当我说哥伦比亚一直在以民主价值观推行安全政策时，不能泛泛地去谈论自由。哥伦比亚通过普通立法，在没有戒严法的情况下，对抗了世界上最富有、最暴力、最危险的恐怖主义势力。"

乌里韦在表述其观点时展现出了坚毅笃定，他的话语清晰传达出对所讨论议题的深刻理解和坚定立场。然而，在广大的拉丁美洲舞台上，他或许被视为与众不同的存在，特别是在涉及安全政策与反恐议题方面，其理念与对策并未能赢得所有同僚领导人的广泛共鸣。这暗示着，尽管乌里韦的观点基于其对哥伦比亚特殊国情的深刻洞察与应对经验，但在区域层面，这些观点在某种程度上遭遇了认知与立场的隔阂。面对这种可能的孤立感，乌里韦或许会反思：是否由于其他拉丁美洲国家尚未遭遇类似哥伦比亚那样严峻的安全挑战，因而难以真正理解其政策背后所蕴含的紧迫性与必要性？抑或是由于各国国情各异，即便面对相似的问题，各自的应对策略与价值取向仍存在天然的差异，导致难以对他国的经验产生深度共鸣与同情理解？乌里韦回答说："不被理解倒是没有，但我很担心他们，因为恐怖主义非常险恶，不分国界，今天杀害哥伦比亚人，明天就可能杀害其他国家的公民。我不觉得自己不被理解，但我们确实需要更多的合作，因为只要哥伦比亚恐怖分子看到在其他地方不会像在哥伦比亚一样遭到严打，他们就会认为可以躲到其他地方去。只要他们还有地方可躲，那么就永远、永远、永远无法推进我们需要的和平进程，和平进程关乎我们每一个人，谁都不能高高挂起，置身事外。"

哥伦比亚总统如此重视打击政治暴力不仅是因为他职责所在，还与其个人经历有关。1983年,哥武试图绑架他的父亲阿尔贝托·乌里韦·西拉,他的父亲在反抗中被害。阿尔瓦罗·乌里韦如何看待之前的小家变故和当下的国家大业?他的回答是:"这个问题我思考过很久。我父亲被杀让我悲痛欲绝,无法平复,而哥伦比亚百分之五十的家庭都遭遇过这样的灾难。因此,当我们用看自己孩子的目光来看待这个国家时,对仇恨我们会免疫,但是我们会渴望让新的一代有不同的命运。我们这一代人没有享受过一天的和平,我们希望我们的下一代,还有他们的后人,能够享受到持久的繁荣与和平,能够越来越好。"

安全

所有哥伦比亚人都在寻求安全感。在乌里韦总统率领大批安全和通讯部队到处走动时,各行各业的人们也在关注这一问题。在波哥大,一名警察说:"乌里韦总统是要巩固安全部队在全国各地的存在。"一位在波哥大服务我们的出租车司机说:"我认为日常治安已经有了很大改善,安全部队一直在城市巡逻。新闻上说,有些地区以前因为游击队根本进不去,现在安全部队已经开始接管了。"一名街头商贩,也是教育工作者,跟我们分析道:"这里存在失业问题,如果失业率上升,安全状况也会随之恶化。"

乌里韦批评哥武不仅仅是因为他的个人经历,他对游击队在哥伦比亚的所作所为也有自己的政治评判。他说:"人们并没有发自内心地支持他们，许多人都只是迫于他们的武力威胁。游击队提出要建立一个更公平的社会，但他们给国家带来的却是更多的失业和贫困，还催生了准军事组织。国家的民主进程不断深化，省长和市长都由民众选举产生。而游击队是怎么做的，他们先消停一阵子，让这些民主程序走完，然后他们再闯出来谋杀这些省长和市长，完全就是站在民主进程的对立面。哥伦比亚的暴力不利于巩固民主，更不利于社会发展。恐怖主义已经成为法治的最大挑战，因为它导致统治者和公民不再尊重法律，对法律的尊重是国家法治建设重要的文化基石。"

政治

用阿尔瓦罗·乌里韦的话说，他最初走上政治舞台是"无意识的"，可以说很早他就涉足了政治。谈起这个话题他显得不是很自在，我尝试问他最初是如何进入政坛的，便有了下面的对话：

——在多次采访中，您都表示自己很早就开始接触政治……

——那时是无意识的，我不该多说这个事情，因为那时候还太小了，很多道理都还不懂。

——大概多大？

——我说不好，连我自己都不知道大概是从什么时候开始的，我就知道我一直在搞政治。有一次有人问我妻子："阿尔瓦罗什么时候开始搞竞选？"她回答说："他从来没有停过。"

——那是怎么开始的呢？

——很小的时候。

——最初的记忆是什么样的？

——您是想让我讲讲当时的情况吗？

——是的……

——大概是1956或者1957年，哥伦比亚的政党之间达成了协议，组成了"民族阵线"，目的是消除暴力，推翻罗哈斯·皮尼利亚的军政府。此外还决定举行全民公投，推动宪法章程和轮替制度的实施，并承认妇女的政治权利。我母亲是我所在地区的领导人之一，在整个过程中她一直牵着我的手。如果您问我无意识地参与到公共事务最早的记忆，我想就是这次了。

——您是什么时候放开母亲的手，自己主动参与政治的？

——也很早。

——您第一次没有母亲在场，独立参加政治活动是什么时候？

——我记得是我十岁或十一岁的时候参加政治活动，但那会儿也是什么都不懂，所以很多时候我都不愿意去回忆它。不过，我要告诉年轻人，最宝贵的资源就是领导力，领导力是最难建立的。

——您的这种领导力是与生俱来的，先天自发就有领导力，还是后天学习形成的？

——当然肯定存在遗传因素和先天的东西，但归根结底还是要通过后天的学习。我认为领导者都是天生的这种说法并不可取，大家要明白，领导者是成长出来的。什么"别人家的谁谁天生就行，我不行"，这种想法应该摒弃。现如今，养成领导力最重要的就是不断学习提升，做好充足准备。

当我们不再谈论早年踏入政治的问题，乌里韦似乎放松了许多，跟我们分享了他的一些政治分析。我对他说，也许一个欧洲人决定从政，就相当于他做了一个职业选择，因为他同样也可以选择其他职业。而在拉丁美洲，投身政治是要冒风险的，因为我们之前的历史充满暴力，目前开展公共事业的客观条件也并不理想。投身政治是不是必须有勇气？乌里韦回答说："若你只是把从政当作一种生活方式，并不想做出一番成绩，那你就没有风险。但相反，如果你有目标有追求，而且是在哥伦比亚这样的国家，那么毫无疑问你就必须冒很大的风险。而我一直牢记三点：第一，始终追求为人民谋福祉；第二，祈求上帝保佑；第三，铭记丘吉尔的名言，'不入虎穴，焉得虎子'。"

我问他担任这样的职位会不会害怕。他说："除了对上帝的恐惧之外，唯一应该存在的恐惧就是害怕自己会有恐惧感。人的天性是眷恋生命，生命是一种珍贵的馈赠，但人需要自己付出巨大的努力来超越自己，直面挑战，而超越自己的第一步就是消除恐惧。"

哥伦比亚总统认为，只有有了责任，才能成为成熟的掌权者，而且必须时刻提醒自己任重道远。乌里韦说："你必须每天都给自己打气，提醒自己有多少使命。"

是否可以让年轻一代担负起这种责任？是否可以要求他们参与进来，努力改变国家的面貌？阿尔瓦罗·乌里韦说："当然可以。你可以开一家汽车厂、一所大学，所有这些项目都是可行的，但最难的是形成领导力，所以领导力是最关键的。你可以没有石油，但不能没有领导力，只要了有领导力，石油用完了也没关系。因此，我们需要伟大的领导力，而这种伟大的领导力最终要体现在政治行动和为集体服务中。我们必须鼓励新一代朝着这个方向去做，这就需要奉献精神、自我牺牲精神以及广义上的爱国精神。"

政府政策

当前拉丁美洲国家总统面临的一个重要问题是，当新自由主义时代成为过去，政府应该扮演什么样的角色。针对这个问题，乌里韦这样说："我认为拉丁美洲过去经历了一些极端情况，我们应该对此进行反思。拉丁美洲经历了新自由主义浪潮下的政府解体的极端，新自由主义通过法令摧毁了政府，造成了许多问题。而社会民主的扭曲催生出官僚低效的政府，也造成了许多问题。看似对立的两个极端最终殊途同归，结果都是让政府失效。新自由主义通过法令用一个签名摧毁政府，而官僚主义、国家主义则让政府破产，窒息而亡。因此，这些极端情况值得我们反思，我们需要政府来管理国家，但不是干涉或垄断性的政府，而是能够保证社会法治、为人民谋福祉的政府。我相信过去几十年的教训可以为我们指出一条光明的道路，帮助我们建设一个为民服务而不是为意识形态服务的政府。"

在这方面，拉丁美洲展现出了一幅双面镜像，映射出两种截然不同的社会现实。一方面，这片大陆无疑已迈开步伐，展现出现代化的鲜明印记，尤其是在近几十年间，各国政府纷纷推行了一系列旨在革新制度、推动经济社会发展的重大改革举措。这些努力无疑为拉丁美洲挣脱历史桎梏、融入全球现代化进程注入了活力。然而，另一方面，如同沉重的历史幽灵般，19世纪遗留下来的考迪罗主义与庇护主义阴影依然盘旋不去，其影响力犹如一股暗流，潜藏于社会结构与政治文化的深层肌理之中。这种现象宛如一种独特的地域性魔幻现实主义，不同历史时期的特质在同一时空奇妙交织，形成一种断裂又共存的多元景观。在此背景下，政府与社会的关系呈现出复杂而多元的样态，既有现代治理理念的尝试与实践，又有传统权力网络与社会依附关系的延续。对于未来政府与社会之间应当构建何种关系这一核心议题，乌里韦先生显然有着深刻而独到的见解。他无疑会以其丰富的阅历、敏锐的洞察力以及对拉丁美洲独特政治生态的深刻理解，为我们揭示一条既尊重历史脉络、又能有效应对现实挑战、进而引领社会迈向更加公正和谐未来的路径。他的观点，无疑值得我们认真聆听：

> 这种联系必须通过民主来实现，并在参与式民主和代议制民主之间取得一种平衡。投票式的民主忽视了非常重要的一点，那就是我们所说的代表性。但是，当代议制脱离了其基本主体，与参与式民主脱节时，代表性也就不存在了。我认为拉丁美洲需要在代议制民主和参与式民主之间取得良好

的平衡。在我看来，只有具备竞争力的社会才能克服危机，而使一个社会长久拥有竞争力的唯一途径就是不断地进行教育革命。我所说的教育革命是指最广义的教育：从儿童教育到科学探索。教育必须贯穿到民主中来。教育的作用是让我们的社会更加依赖生产创新，而不是对基本资源的开发。当我们看到一些社会通过开采初级自然资源致富，并没有多少附加值，就不难发现这种财富是不可持续的。

2008年以来世界经历了一场严重的金融危机。对于拉丁美洲国家来说，在危机时刻如何分配资源至关重要。阿尔瓦罗·乌里韦政府领导下的哥伦比亚是如何应对这一问题的呢？总统回答说："在这场危机中，我们有优势也有风险。在优势方面，我们增加了国家储备金、银行担保、存款保险和储蓄，投资者的信心也很足。挑战主要集中在出口和就业两方面。近年来哥伦比亚出口大幅增长，但现在可能会下降15%、18%或20%。我们一直在创造就业机会，促进就业正规化，但目前就业面临很大压力。因此我们制定了逆周期的政策，目前正围绕四个方面开展工作：基础设施、社会保障、保护私人投资以及促进公共和私人融资，这四个方面都井井有条在推进。例如，在社会保障方面，今年我们要为五岁以下在园幼儿每日提供1300万份餐食，在我上任时全国只提供了330万份。"

我告诉乌里韦，在批评哥伦比亚模式的声音中，恰恰就有人说哥伦比亚只有公民安全政策，在社会和经济政策方面没有建树。哥伦比亚总统回答说："安全和投资者信心构成一个好的大环境，只有在这样的大环境中，社会政策才能取得进展。反过来，也只有社会政策能够保证安全和投资者信心。因此，这两者之间是一种相互传导的关系。在实施安全政策时，我们也意识到，前往一个地区我们不能只派去部队，必须有配套的一整套行动，也就是说，不仅要有士兵，还要提供教育资源，改善水电供应，让家庭都行动起来，提供营养计划和小额信贷等等。当然还有很长的路要走，但我们一直在努力。"

阿尔瓦罗，学生和对手

卡洛斯·加维里亚·迪亚斯在2009年之前一直担任民主选择中心党主席，该党反对乌里韦政府。尽管政治上有距离，但加维里亚·迪亚斯说，他和乌里韦之间曾经比人们想象的都要更近。他说："我不知道你们了不了解，在大学里我教过乌里韦，他是一个中等生，成绩中等偏上吧，不是最出色的，因为除了学业，他还参与政治工作并在一家咖啡厅兼职。那时候，大学里左倾化氛围浓厚，无论是教师大会还是学生大会，大家都在毛泽东主义和托洛茨基主义之间争论不休。但乌里韦突然代表安蒂奥基亚自由派发言，其他人都吹口哨嘲弄他，但他会等口哨声停下来，继续讲话。"

地区一体化

拉丁美洲正在庆祝独立200周年，现在是总结过往、展望未来的好契机。乌里韦认为拉丁美洲有哪些值得保留，又面临怎样的挑战？哥伦比亚总统说："民主得到了极大的巩固，物质方面也取得了进步，地区一体化成果显著。同时，我们在安全、竞争力和改善收入分配方面仍面临巨大挑战。我可以从哥伦比亚的角度出发，推而广之，为整个地区提供一个前瞻性的参考。在哥伦比亚，我们首先寻求的是信心，而拉丁美洲也需要在本地民众和世界人民心中建立全面、稳固和永久的信心。"

关于一体化问题，或许我们可以大胆地说，鉴于本地区的自然和人力资源，拉丁美洲完全有潜力沿着欧洲共同体成立时所走的道路前进。乌里韦分析说："我希望这能够实现。最近已经实施了一些重要举措，比如安第斯地区加入南方共同市场。欧洲一体化模式是一个非常重要的理念，因为它在宏观经济管理方面有纪律要求，这一点毋庸置疑。它使所有人必须尊重民主规则，避免了极端政府的出现。欧盟中的任何人都必须尊重民主规则，而民主规则和欧洲一体化也保证了任何人在任何方面都无法采取极端立场。因此，欧洲国家全都致力于打击恐怖主义。"

一体化是核心问题，但有时在拉丁美洲，名义上的一体化似乎多于真正的一体化。乌里韦说，他想换一种说法："今天，以一体化为名的官僚主义多于真正的一体化。我认为，有些人把一体化与建立以一体化为目的的官僚机构混为一谈。我们需要更多真正的一体化，而不是官僚机构。比如我们经常提出一系列超越国家层面的规则，但我们自己也不了解这些规则，那么我们为监督和执行这些规则而设立的机构就只能是浪费资金，没有任何价值。"

置身哥伦比亚的土壤，探讨其与拉丁美洲的整体联系时，一个无法回避的历史巨擘便是西蒙·玻利瓦尔。这位伟人以其深远的影响力，不仅在哥伦比亚，更在玻利维亚、厄瓜多尔、秘鲁和委内瑞拉的独立斗争中扮演了至关重要的角色，他的足迹与思想深刻塑造了今日拉丁美洲的版图与精神风貌。倘若玻利瓦尔穿越时空，亲临今日之世，目睹这片他曾为之奋斗的土地，他会对拉丁美洲的现实状况感到满意吗？他会如何看待当今拉丁美洲各国的领导者们？这位解放者的心声，无疑引人遐思。阿尔瓦罗·乌里韦，作为对拉丁美洲历史尤其是玻利瓦尔思想有着深厚研究的权威专家，对于这一系列问题无疑有着独到且权威的见解。他说：

> 玻利瓦尔是一个注重秩序的人。我认为他当时必须对机制性的问题做出许多决定，而他做出这些决定并不是基于他的意识形态想法，而是基于客观需要。比如，他不是为了集权而集权，而是因为他看到当时的权力下放会助长一些人的势力，而这些人会阻碍独立斗争。我觉得他看现如今的拉丁美洲，首先会担心秩序问题，因为这个问题会带来两方面的威胁：有贩毒背景的恐怖主义和一些国家可能出现的国家主义趋势。他是一个务实的人，也致力于推动私人投资，这在当时可谓是革命性的理念。当我们今天说拉丁美洲在努力支持研发时，我们不能忘记，在玻利瓦尔的时代，他也为寻求发展做出了巨大的努力。另外玻利瓦尔的社会凝聚思想非常

宝贵，这一思想在上秘鲁地区和玻利维亚的构建过程中得到了巩固，后来在面对想要占领新格拉纳达（即现在的哥伦比亚）的混乱局面时，他捍卫了这一思想。玻利瓦尔有远见，有信念，有能力凝聚和整合大家。

八月及以后

2010年8月，阿尔瓦罗·乌里韦第二个总统任期即将结束。卸任后他会做什么？乌里韦想了想告诉我："我想和同伴们一起开展一个大学项目，推广我们的主张和理念。我不觉得自己会远离政治活动，但我希望更加冷静地对待它。"

他从年轻时起就对政治充满热情，那么接下来他打算在哪里发挥这种热情？显然学术界不像政治舞台那般可以挥洒。总统回答说："热情必须转化为成果，而不是专注于挥洒热情本身。我希望热情能更多地体现在成果上，而不是热情的语言上。"那么会不会有一天，乌里韦的妻子可以说竞选已经结束了？ 他回答："生活会用它的智慧结束竞选的旅途。"

在2002年的首次选举中，阿尔瓦罗·乌里韦以52%的选票获胜。2006年，他赢得了60%的选票，这体现了哥伦比亚人民对他的信任。那么卸任后，他觉得哥伦比亚社会会如何评价他？会认为他做出了哪些贡献？乌里韦说："我认为有三点：第一，我们通过努力让大家明白安全的重要性，安全是一种民主价值观，会给我们带来许多资源，它通往的不是独裁；其次，我们让大家注意到投资的重要性，只有通过投资提供资金才能实现繁荣；第三，我们把增强社会凝聚作为工作重点，而不是让大家一起穷困。"

最后，我问他，当他的孩子们将来被问及他们的父亲是谁时，他希望如何回答。乌里韦说，他希望他们说的和他已经准备好的墓志铭一样："他从不畏缩。"

… 拉美之声

哥斯达黎加

奥斯卡·阿里亚斯

和平宣言

奥斯卡·拉斐尔·德·赫苏斯·阿里亚斯·桑切斯于1940年9月13日出生在哥斯达黎加埃雷迪亚市。早年的学术生涯,阿里亚斯在哥斯达黎加大学潜心研习法律与经济学,展现出卓越的学术才华。尤为值得一提的是,凭借其深入的洞察力与前瞻性的政策建议,他的经济学学士学位论文《哥斯达黎加面临的压力》荣获1971年国家论文奖,不仅为他赢得了广泛的赞誉,也为日后的公共事业奠定了坚实的理论基础。在学术追求上精益求精的阿里亚斯,进一步远赴英国深造,于1974年获得埃塞克斯大学政治学博士学位。归国后,他步入政坛,先后在何塞·菲格雷斯与丹尼尔·奥杜伯·基罗斯两届政府中担任国家计划部长,以其严谨的专业素养与高效的行政能力推动国家发展规划的制定与实施。1978年,阿里亚斯成功当选为国家众议员。然而,真正使他成为国际瞩目的焦点,则是他在1986年至1990年间首次出任哥斯达黎加总统期间所展现的非凡领导力与和平外交手腕。他以其坚定的决心与卓越的外交斡旋,成功促成了中美洲和平协议的签署,不仅这一历史性成就结束了区域内长期的冲突与不稳定状态,更因其对全球和平的杰出贡献,他于1987年荣膺诺贝尔和平奖,成为哥斯达黎加乃至整个拉丁美洲的骄傲。此后,阿里亚斯的政治影响力并未止步。在民众的热烈期待与广泛支持下，他于2006年再度当选为哥斯达黎加总统，肩负起领导国家迈向新时期的重任，直至2010年任期圆满结束。这一段续写的执政篇章，再次印证了他在复杂国际环境下驾驭国家航船、推动社会进步的卓越才能。

拉美之声

1948年岁末,随着哥斯达黎加内战的烽烟逐渐消散,作为胜利者的何塞·菲格雷斯成为了共和国执政委员会的掌舵人,他胸怀着对和平与民主的执着信念,作出了一个震撼世界的开创性抉择:彻底废除国家军队。同年,一位懵懂的八岁少年踏入校园,稚嫩的心灵初次接触到这个国家命运的重大转折。当得知自己的祖国即将成为一个没有军队的国度时,他满眼困惑,尚无法完全理解这突如其来的变革意味着什么。在他的记忆中,近几个月来,街头巷尾弥漫着紧张的气息,枪炮声不时刺破宁静,家宅附近时常可见荷枪实弹的士兵巡逻。甚至,他亲历了家中遭到警方的搜查,父亲那辆心爱的汽车也被当局征用,这些片段构成了他对那个动荡时代的最初印象。这个小男孩名叫奥斯卡·阿里亚斯,彼时的他尚未意识到,自己将会与这个国家的历史紧密交织,更无法预见未来的岁月将把他推向权力的巅峰——成为哥斯达黎加的总统。同样无法预知的是,他的人生轨迹将与和平事业结下不解之缘,最终荣获诺贝尔和平奖这一国际社会对和平使者最高的荣誉认可。

现在,奥斯卡·阿里亚斯坐在我面前,用一贯的平静口吻谈起了这些历史事件:"何塞·菲格雷斯1948年的决定展现了他的远见卓识和巨大勇气,因为在短暂的内战之后,他成为了首个解散军队的军人。他坚信,像我们这样一个资源极其匮乏的小国,不应该把资金花在武器和士兵上。"

60多年过去了,阿里亚斯说,废除军队让哥斯达黎加能够集中精力改善民生。哥斯达黎加总统说:"我们将国内生产总值的6.5%用于教育,约9%投入到卫生事业。如今,我们正在努力满足人民最迫切的需求,而这些需求肯定不包括建立军队。哥斯达黎加就是选择更好地利用和平红利，我们是怎么做的呢？对世界发出和平宣言，最好的防御就是不设防，从那时起没有人敢碰哥斯达黎加。我们这样并非是乌托邦，其他地方其实也可以做到。"

阿里亚斯所言非虚。在他的努力下，巴拿马也于1991年废除了军队。阿里亚斯说："我总是说世界上最安全的边境线就是哥斯达黎加和巴拿马之间的边界，这两个国家都没有武装部队。在许多拉丁美洲国家，军队所做的不过就是发动政变和镇压人民。"

阿里亚斯不仅仅在美洲推广和平模式。在他此次任内，还曾建议巴勒斯坦废除军队，也曾游说撒哈拉以南非洲的几个国家，但结果并不尽人意。阿里亚斯说："很多时候这些尝试没能成功，因为富裕国家认为这不切实际，说得温和一点，这种想法像是乌托邦。如果说得直白一点，是因为生产武器的国家希望继续向贫穷国家的政府出售武器，使它们变得更加贫穷，因为这是让它们永远贫穷下去的最好办法：把钱花在武器和士兵身上，而不是教育我们的孩子们。"

1987年，诺贝尔和平奖的荣耀光环落在了奥斯卡·阿里亚斯的肩头，这一崇高奖项不仅是对他在20世纪80年代席卷中美洲的武装冲突中所展现的坚定立场与卓越贡献的至高肯定，更是对其在国际舞台上传递和平理念、力挽狂澜于战乱边缘的非凡勇气与智慧的高度赞扬。阿里亚斯旗帜鲜明地反对美国对尼加拉瓜境内反政府武装力量的支持，这些力量旨在对抗桑地诺民族解放阵线的政权，他的立场凸显出对地区自主和平进程的坚守以及对强权干涉的批判，对于缓解区域紧张局势、促进和平谈判起到了关键作用。获得诺贝尔和平奖对阿里亚斯本人和他的国家意味着什么？他说："就我个人而言，这是一件美好的事情，因为这是世界上最负盛名的奖项。但比起我个人，这对哥斯达黎加来说意义更加重大，因为我们将哥斯达黎加推向了国际舞台。人们第一次听说哥斯达黎加是一个没有军队的国家，以前没有人知道这一点。大家第一次意识到，在冲突不断的中美洲，有一小片民主绿洲叫哥斯达黎加。由此国家投资增加了，旅游业也得到了发展，外国投资也更多了，形形色色的人们带着极大的好奇心来到哥斯达黎加，他们想知道，在暴力不断的中美洲为什么会有一个没有军队的国家。"

我问他是否还记得得知自己获得诺贝尔奖的那一刻，奥斯卡·阿里亚斯回忆起来：

> 我当时同妻子和孩子们在一起，在太平洋沿岸的海滩上，那天是我妻子的生日，当时我们还在睡觉。大约是凌晨四点，突然电话响了。因为我们在距离圣何塞很远的海滩上，没有其他通讯工具。打电话的是我的侄子们，他们说我获得了诺贝尔和平奖。我不太敢相信，因为我根本不知道有人提名了我，真是一个巨大的惊喜。然后他们派了一架小飞机来接我，我们到达机场时，朋友们和政府里的人都在那里等我，我母亲也含着泪在等我，我最要好的朋友们都喜极而泣。何塞·菲格雷斯先生也来了，他当时身体已经有些不舒服，但他看上去很高兴，很自豪。后来我们去了总统府，我接到了奥斯陆诺贝尔委员会主席的电话，告诉我要将这个奖项授予我，然后给我寄来了一封信和一封电报，我把它们裱起来了，因为那都是美好的回忆。

礼节

在开始采访奥斯卡·阿里亚斯前，总统考虑到我们对话可能会在学校播出，他想穿上西装外套。我跟他说没有必要，因为我们希望进行尽量非正式的谈话。最后，一位助理还是说服他穿上了西服。之后，我又与奥斯卡·阿里亚斯的助理有了一段关于礼节的谈话。谈话内容是这样的：

助理：参议员，总统该怎么称呼您？

菲尔穆斯：丹尼尔，或者菲尔穆斯。

助理：如果您想让他叫您丹尼尔，他就叫您丹尼尔，按照您的想法来。

菲尔穆斯：可以叫我参议员，我可以叫他奥斯卡先生吗？

助理：可以，没问题。您采访过的其他总统是怎么称呼您的？

菲尔穆斯：他们中的很多人我都认识很久了，有的人叫我丹尼尔，有的人叫我菲尔穆斯。

助理：没有人叫您参议员吗？

菲尔穆斯：也有。

助理：塔瓦雷总统怎么称呼您？

菲尔穆斯：菲尔穆斯。

（此时，阿里亚斯走进来）

阿里亚斯：参议员和丹尼尔，您更喜欢哪个叫法？

菲尔穆斯：我喜欢丹尼尔，因为越不正式越好，那我可以叫您奥斯卡先生吗？

阿里亚斯：可以，您更喜欢丹尼尔还是参议员？

菲尔穆斯：我更喜欢丹尼尔，但您可以随意。

阿里亚斯在获奖感言中朗读了尼加拉瓜诗人鲁文·达里奥的诗句：

恳请圣洁之力，以慷慨之心、虔诚信仰、傲骨精神垂怜吾辈；

以纯真之魂、高尚情操、勇毅魄力庇佑吾等；

盖因吾侪犹如枯木，几近丧失生命甘露、新生绿芽；

恍若暗夜孤舟，失却灵魂烛火、生命脉动、光明希望，以及堂吉诃德之理想；

如同折翅之雀，无立足之地、翱翔之翼，更不见忠诚伴侣桑丘与神圣主宰上帝之踪影。

我对阿里亚斯说，美国总统巴拉克·奥巴马在2009年12月接受同一奖项时所作的演讲，与他的这番发言大相径庭。奥巴马当时说："多年来，美利坚合众国用我们人民的鲜血和武器的威力捍卫着全球安全。从德国到朝鲜，都能看到我们军人的服役和牺牲，他们促进了和平与繁荣，让民主在巴尔干等地生根发芽。我们承担这些重任，并不是因为我们想把自己的意志强加于人。我们这样做是出于自身利益，也是大家都知道的：因为我们希望我们的子孙后代有一个更美好的未来，而且我们相信，如果其他人的子孙后代能够生活在自由和繁荣中，我们的后代的生活也会更加美好。因此，战争也是维护和平的工具。"

奥斯卡·阿里亚斯承认，他很难理解美国总统在上任仅九个月后就获得了诺贝尔和平奖，而且"并没有真正做什么特别的事情"。他补充说:"奥巴马和我的情况完全不同。一个是美国这样的军事强国,一个是61年前自愿解除武装的国家。美国的历史就是一部战争史。"

奥斯卡·阿里亚斯于1986年首次担任总统。一年后,他成功实施了"阿里亚斯计划",促进了整个中美洲地区的和平。这个计划是如何产生的?阿里亚斯说:"说实话,当时我所在的党在台上,我们寻求的是连任,这并非易事,我必须将自己与主要对手拉斐尔·卡尔德隆·富尼耶区别开来。卡尔德隆曾说过,他会紧跟罗纳德·里根,如果有必要他甚至会安排我们的国民卫队参战。事实是,这种做法有悖于我们的传统和本性,有悖于我们哥斯达黎加人民骨子里最珍视的价值观。于是,我提出了和平计划。起初,所有人都持怀疑态度。美国和苏联都反对,菲德尔·卡斯特罗也反对。我必须赢得他们的信任,让他们意识到和平计划是我自己想出来的,是我个人的,是哥斯达黎加的,我不是华盛顿的工具。"

阿里亚斯告诉我,他拜访了许多拉丁美洲国家的总统,还去了欧洲说服费利佩·冈萨雷斯、弗朗索瓦·密特朗和撒切尔夫人。对哥斯达黎加总统来说,民主是他提出的和平计划的核心。阿里亚斯补充说:"民主是地区持久和平的先决条件。这意味着我们必须举行自由选举。这就是为什么尼加拉瓜桑地诺主义者一开始有点疑虑,他们是通过枪杆子在山里打仗推翻的索摩查政府,他们和菲德尔·卡斯特罗一样,不太希望举行选举。所以达成一致很困难,没有人会想到我们五位总统能在1987年8月达成一致,但最终哥斯达黎加、尼加拉瓜、萨尔瓦多、危地马拉和洪都拉斯做到了,我们签署了协议。"

为了平等

除了其闻名于世的无军队体制外,哥斯达黎加在社会平等领域展现出的显著优势,使其在众多拉丁美洲国家中独树一帜。相较于本地区普遍存在的不平等问题,哥斯达黎加的社会差距较小,这一成就使得该国成为区域内乃至全球范围内减少不平等现象、构建包容性社会的典范。是什么原因使得哥斯达黎加在这方面成为了其他国家学习的榜样?总统说:"哥斯达黎加的社会保障覆盖范围很广。事实上,美洲最为平等的两个国家是乌拉圭和哥斯达黎加,我认为这两个国家有一个共同点:大量的社会支出。这种平等并非来自税收制度。拉丁美洲没有一个国家的税收是公平或累进的,富人不像富人应该的那样纳税,这是众所周知的,也许巴西是个例外。如果公平不能体现在社会支出的额度上,那么最重要的就是社会支出的方向。就哥斯达黎加而言,社会支出主要用于文化、教育和卫生领域。此外,哥斯达黎加的商品和服务贸易与其国内生产总值相当,这意味着同与其他国家相比,哥斯达黎加是这片大陆最开放的经济体之一。换句话说,哥斯达黎加不搞保护主义,而不少南美国家却很重视保护主义政策。"

哥斯达黎加常为人称道的另一点是其教育水平。阿里亚斯在谈到教育问题时说:"拉丁美洲的平均受教育年限是7年左右,但我们是10.5年。自1869年以来,我们一直提供免费的义务教育,费用由国家支付。我们的第一任国家元首胡安·莫拉·费尔南德斯是一位教育家,不是军人。"

童年与政治

许多拉丁美洲国家的现任领导人都坦言,他们从未想过要当总统,直到机会近在眼前。我向阿里亚斯提出了这个问题,他告诉我:"当我第一次作为总统候选人时,有人问我这个问题,我就说在母亲肚子里时我就想当总统了。当然这是个玩笑,但其实我在上学时同学就都嘲笑我,因为我说我想当总统,有一年学校年鉴还记录了这件事情。"

小奥斯卡的梦想从何而来?他回忆说:"我梦想当总统是因为我父亲送给我很多政治家的传记,从拿破仑、俾斯麦到丘吉尔,那是我小时候崇拜的英雄,现在依然如此。在我成长的那个年代,戴高乐是人们心目中的英雄。后来上了大学,我在波士顿了解了杰克·肯尼迪,还经历了1959和1960年理查德·尼克松和杰克·肯尼迪的竞选活动,这对我产生了巨大的影响。因此,我决定开始做准备。之后我遇到了何塞·菲格雷斯,他是哥斯达黎加历史上非常重要的总统,我对他说:'何塞先生,我希望您能给我一个机会,让我在您未来的政府中为国家做些事情。'他给了我这个机会。刚刚30岁时我就当了部长,从那时起我就与国家政治联系了起来。"

少年时代的奥斯卡·阿里亚斯,胸怀远大志向,其抱负并不局限于对总统职位的向往。他是一位多才多艺、热爱生活的青年,对体育竞技与文学艺术皆怀有深厚热情。在绿茵场上,他身手矫健,作为校队一员驰骋球场,尽情挥洒青春活力;而在碧波池畔,他又化身为泳池健儿,享受着水中的畅游与自由。然而,最能凸显阿里亚斯特质的,是他那颗渴求知识、善于思考的头脑。他不仅勤于学业,更展现出对诗歌艺术的独特敏感与钟爱。在父亲那间充溢着书香气息的书房中，浩瀚的藏书成为他探秘知识海洋的航船，引领他遨游于人文社科的广阔天地。父亲的悉心栽培与严格要求，促使阿里亚斯养成撰写文章的习惯，他以笔为犁，耕耘思想的沃土，将所思所感凝练成文字，积极投稿各类作文竞赛，以此锤炼文笔，提升表达能力，同时也为自己的学术与人格成长铺就坚实基石。他激动地回忆道："有一次我得了一等奖，还有几次没得奖。我写了各种各样的文章，大多是关于政治的。有一次为了写一篇文章，我读了温斯顿·丘吉尔回忆录里的大部分内容，主要是关于世界大战和1948年封锁柏林的内容。我还曾为杂志撰稿，我们这里有一本杂志叫《战斗》，是我们党的一位政治家创办的。因此，在很年轻的时候，大概18岁时，我就已经开始为杂志和报纸撰稿了。"

和平与其他

哥斯达黎加埃雷迪亚市的警察协调员弗朗西斯科·罗德里格斯解释了哥斯达黎加人如何看待和平。他说："对于任何一个哥斯达黎加人来说，和平就是没有武器。在警察部门，我们不会把钱花在武器上，我们的武器通常来自其他国家的捐赠，有些是二战遗留下来的。在哥斯达黎加，警察的作用是预防性的，哥斯达黎加是一个输出自由原则的国家。"圣拉蒙咖啡种植园的一名工人讲述了他对日常生活的看法："我们在农村的生活很艰苦，因为工资很低。奥斯卡·阿里亚斯先生为穷人提供了许多帮助，但我希望能有一小块属于自己的土地，在自己的土地上耕种，我觉得土地应该属于耕种它的人。"北安赫尔斯学校的一名教师讲述了她的经历："犯罪问题对我们造成了很大的困扰，特别是在城市里。虽然在哥斯达黎加大家都认为国家会保护我们，而且国家确实花了大力气保护老人和儿童，但是其他方面却被忽视了，比如安全和住房问题。"

大学毕业后，奥斯卡·阿里亚斯写了五本书，都是对哥斯达黎加现实的政治分析。他坦言退休之后他想写一本回忆录。

家庭的支持

时光回溯至奥斯卡·阿里亚斯荣膺诺贝尔和平奖的那个荣耀时刻，我们不禁聚焦于机场那一幕深情画卷：一位母亲，满载骄傲与期待，伫立在熙攘的人潮之中，内心的激动之情如潮涌动，无法掩饰。她的目光紧紧锁定远方，那里即将降落承载着儿子无上荣誉的航班。此情此景，自然而然地引发了我们对于阿里亚斯政治生涯中所秉持的价值观根源的深度探寻：究竟这位诺贝尔和平奖得主展现的智慧、勇气与和平主义精神，有多少是源自家庭？他说："最好的教诲来自我的父母，他们教导我要有责任感和荣誉感，要正直诚实，敬业乐群，刚毅不屈，宽厚慷慨，所有这些品质都是父母灌输给我的。"

自2006年第二次担任总统以来，阿里亚斯把每个月的工资都捐了出去，他说自己并不需要。他的这种做法也是从家人身上学到的。在他小时候，许多慈善机构会去他家，他父母每个月都会开一张支票帮助他们。他的外祖父也是一个非常无私的人，如果他穿着一件夹克或衬衫，看到咖啡种植园里有一个工人的衬衫破了，他就会脱下自己的夹克送给他。"我从小就想成为这样的人，"阿里亚斯说，"我也想慷慨地对待那些比我更困难、更需要帮助的人。"

我问他母亲是什么样的人。阿里亚斯告诉我，她"太善良了，而且非常护短"。奥斯卡说："她特别护短，对我很溺爱，主要是因为我有哮喘病，有时哮喘发作时还要去医院。而我父亲对我很严格，要求我要写作、阅读，参加作文比赛。不过他真的教会了我享受阅读，我也从中受益匪浅。"

奥斯卡这个名字是母亲为他取的，因为她有个兄弟叫这个名字，是一名医生，刚刚完成学业时在美国去世了。但不仅仅是一个名字，奥斯卡的母亲希望儿子也能成为一名医生，来纪念他的舅舅。阿里亚斯说，为满足母亲的要求他开始学医，直到后来他能够清楚地表达自己的理想。奥斯卡对母亲说："我不能继续在这里晒蟾蜍，我得去做我喜欢的事情，植物学、有机化学、生物学我都学不了。"于是他去读了政治学。

奥斯卡称父母为"您"，但这并不表示尊重或者疏远。他告诉我："哥斯达黎加每个人都会说'您'，很少有人会用'你'来称呼自己的父母，这是一种习惯。"

归来

  1990年，奥斯卡·阿里亚斯在历经四载风雨兼程的治理之后，圆满结束了其首度执掌哥斯达黎加共和国的总统任期，为国家留下了一段以和平与进步为标志的时代印记。十六载春秋荏苒，风云变幻，当这位昔日领袖于新世纪的门槛处决意重返政坛，再度角逐总统宝座之时，这无疑是一场充满挑战的冒险。彼时的世界已然迥异于往昔，新的社会议题、经济格局与政治生态对领导者提出了全新的要求，而阿里亚斯过往的政绩成就与因荣获诺贝尔和平奖所累积的崇高威望，也面临着时代变迁所带来的审视与检验。那么，究竟是何种力量驱使这位已经功成名就的政治家，毅然选择在如此复杂的背景下再度投身激烈的选战？阿里亚斯给出了他的答案：

  我不愿意重返国家政治舞台。1990年离开政府时，我从未想过自己会再回来。但我的政党已经连续两次在选举中失败。政党领导人告诉我："如果我们第三次失败，这个党就完了。"这是西方许多成熟民主国家常见的情况，如果一个政党不能以某种方式稳住政权，选举一次又一次失败，那它就完了，所以领导层给了我很大压力。然后，说实话，当时这个国家没有方向。我的前任签署了《自由贸易协定》，他同美国、中美洲其他国家和多米尼加都进行了谈判，但很长时间他都没有提交国会批准。最后，他把协定提交上去，但当然没有得到批准。我进入政府后，也还是没有通过。哥斯达黎加人民再一次选择信任我，从那时起，我们国家就有了方向。哥斯达黎加又开始前进了，之前有段时间是瘫痪的，那时我们知道我们从哪里来，却不知道我们要朝哪里去。

奥斯卡·阿里亚斯再次提到，他的政府推动哥斯达黎加"向世界开放"。然而这种经济的开放可能会导致文化特性的丧失。在全球化时代，如何保持自己的文化特性？哥斯达黎加总统回答说："这并不容易。世界上所有领域的壁垒都被打破，这使得包括文化在内的一切都变得更加多样。重要的是，占主导地位的价值观不能仅仅是美国的，占主导地位的文化也不能仅仅是美国的，尤其是价值观，因为美国人崇尚个人主义，而我们拉丁美洲人不想变成那样。"

除了身份认同问题，阿里亚斯还对目前拉丁美洲的其他方面感到担忧。他具体谈了谈："如今，拉丁美洲最令我担忧的是本地区不少国家的专制主义占上风。我不认为这里存在左派和右派的对立；我认为这之间最大的分歧是认同民主价值观，还是认同建立越来越专制的政治体制。例如，我从未想到此时此刻洪都拉斯会发生政变。现在我们本应完成中美洲与欧盟之间的协议谈判，但洪都拉斯的政变却使谈判陷于停滞。"

在谈及今年众多拉丁美洲国家热烈庆祝独立二百周年的盛大纪念活动之际，我们不禁将目光投向这片大陆的历史长卷，其中映现的民主化进程仍显未竟之态。那么，当前拉丁美洲民主道路上究竟承载着哪些亟待偿还的"历史债务"呢？哥斯达黎加总统分析说："最主要的未竟事业是我们的政治制度没有能力建设更加富强的社会。我们可以为自己在艺术、文化、文学和体育等诸多领域取得的成就感到无比自豪，但我们在经济增长和社会发展领域却失败了。21世纪是亚洲人的世纪，不属于我们拉丁美洲人。"

奥斯卡·阿里亚斯即将第二次卸任哥斯达黎加总统，那卸任后会做些什么呢？他说他不缺活动，已经收到了许多邀请函，出国任教就是不错的选择，但他也想花一些时间在自己的爱好上。他是这样描绘自己即将到来的生活的："我想读自己喜欢读的书，听自己想听的音乐。有一次我跟阿根廷总统克里斯蒂娜·费尔南德斯说我喜欢听罗伯托·戈耶内切的歌。她问我听没听过阿德里亚娜·瓦雷拉的歌，我说没有，她就给我寄了许多她的唱片。所以现在我有足够的时间去听阿德里亚娜·瓦雷拉和戈耶内切的歌。不用再去读那些政府文件，我觉得会非常美好。"

当诺贝尔和平奖桂冠加身的奥斯卡·阿里亚斯总统任期临近尾声，他期盼世人如何勾勒其任内的政绩画像？倘若未来的历史学家们在向后世叙述他的生平时，他又期待他们如何描绘自己的身份与贡献？对此，总统坦然回应道："他们或许会说我是一位秉持诚实原则、矢志不渝地捍卫自身理想与信念的总统。我深信在我的任期内，哥斯达黎加民主制度得到了巩固与深化，同时我有幸参与并积极推动了中美洲地区的和平进程，使之摆脱冲突的阴霾，迈向和解与共荣的新纪元。"

厄瓜多尔

拉斐尔·科雷亚

从政的经济学家

  1963年4月6日，拉斐尔·维森特·科雷亚·德尔加多出生于厄瓜多尔瓜亚基尔。他已婚，育有三个子女。1987年，从圣地亚哥德瓜亚基尔天主教大学经济学专业毕业。1991年，获得比利时新卢万天主教大学经济学硕士学位。2001年，获得伊利诺伊大学香槟分校经济学博士学位。他曾在瓜亚基尔天主教大学和基多圣弗朗西斯科大学任教。2005年担任国家经济财政部长。2006年11月，科雷亚当选厄瓜多尔总统，次年1月宣誓就职。2009年，厄瓜多尔在新宪章引领下举行历史性首次大选，科雷亚凭借卓越的执政表现与广泛的民众支持，成功蝉联，开启又一个为期四年的任期。至2013年，科雷亚总统在新一轮激烈选战中再显领袖魅力，力挫群雄，实现二次连任，直至2017年任期圆满落幕。

厄瓜多尔

厄瓜多尔历史上首次由经济学家担任总统。与拉丁美洲许多现任领导人一样，拉斐尔·科雷亚走上这个位置的道路也不同寻常。他并非法律界人士，亦无任何政党派系的从属经历，更未曾涉足军旅生涯，其身份定位是纯粹的经济学家。这位经济学背景的厄瓜多尔国家领导人，其问鼎总统宝座之路，毋庸置疑，饱含着诸多曲折与坎坷。他是这样说的：

> 我一直都对政治感兴趣。上学的时候我就一直担任班长，后来上大学当学生会主席，大学期间我甚至还是厄瓜多尔所有私立学校学生会主席。大学毕业时，我申请过当立法委员，但我看到了我们国家政治阶层的平庸，于是决定先多多学习。后来我稍微远离了政治，退出了这条路。大学毕业后，我感觉自己还不够了解国家的国情和原住民的情况。记得有一次，在我就读的天主教大学举办的展览上，有一个关于厄瓜多尔原住民问题的展台，我当时想："能有什么问题呢？我们这里并不像美国那样保守，说有问题太夸张了。"但后来我想了想："我不了解情况，不应该妄加评论。"我就决定去与原住民一起工作，加入了一个工作队，在海拔3600米的地方工作了一年。在那里，我认识到了原住民的问题所在，那就是他们长期忍受着贫困和社会排斥。所以我决定继续学习，后来在比利时获得了奖学金。之后我回到学校任教，又攻读了硕士和博士学位，我知道自己迟早会有所作为。阿尔弗雷多·帕拉西奥总统上台后任命我为经济部长，对我来说这几乎是水到渠成的事，后来我就开启了从政的道路，直至现在。

科雷亚的故事与那些说"我一生都在为当总统做准备"的领导人截然不同,但他梦想过当总统吗?他说:"我没有野心,我是一个虔诚的天主教徒,我相信你追求什么会决定你的心在哪里。我的追求不在权力,而是服务。但我也不自欺欺人,要改变这个国家,就需要权力,但权力是服务他人的工具,而不是用来让他人服务自己的。不瞒你说,我小时候就梦想当共和国总统。如果你问我母亲,她知道我七岁的时候就跟她说我要当总统。百分之八十的孩子都会这么说,但我认为我的确喜欢从事公共服务和政治工作。"

在说了那番话40年后,那个男孩成为了国家总统,而他不是走政党路径当上总统的。为什么大家会信任他?他是怎么当上总统的?科雷亚给出了自己的答案:"我认为我们在正确的时间传递了正确的信息。为什么会得到民众的大力支持?因为他们认为我们是真实的。我们没有说一套做一套,而是坚持说到做到。并非所有人都能做到这一点,有时人民投票支持某个候选人,用手中的票把他送上高位,然后他当上了总统却又言行相悖,变成了国际货币基金组织的附庸。例如,1999年金融体系的问题导致我们这里破产了。毫无疑问,历史上最大的危机就是银行造成的,人民已经受够了那些无赖银行家了。卢西奥·古铁雷斯在原住民的支持下,带着左派言论当上了总统,以绝对多数票赢得了选举,他做的第一件事就是任命国内一位人所共知的银行家担任经济部长,这种背叛人民的事儿经常发生。因此,在过去30年的民主进程中,可能除了海梅·罗尔多斯之外,首次有一个总统候选人提出了一套治国方案,得到了人民的认可和选票,上台后真正做到言而有信。因此,就连一些并不完全赞成我们主张的人也对我们很尊重,因为他们知道我们是真实的,我们谋求的不是私利。"

拉斐尔·科雷亚说话时会用"我们"这个人称,他说他喜欢这么说,因为他认为厄瓜多尔人投票选出的不是个人,他们支持的是一种方案,一种希望。"当然,这些希望和方案必须通过人来实现,"他说,"大家为什么相信我?也许是因为他们看到我和他们一样。也许我这么说不完全政治正确,但就我个人而言我更喜欢与原住民、小商贩和工人在一起,同富人和厄瓜多尔寡头交谈对我来说挺困难的,因为我认为这些精英其实就是国家衰败的罪魁祸首,而且他们很荒谬,自以为出身门第高人一等,我看到就觉得好笑。"接着他又开始用复数的人称,补充说道:"我们已经证明了我们与绝大多数人站在一边,我们都是朴实的人,喜欢同我们的人民在一起。最重要的是,就像我之前说的,我们是真实的。我们既有优点,也有许多缺点,也犯过错误,但我们的内心是真诚的,我们追求的是全体的利益,而不是为自己。"

拉斐尔·科雷亚说,他作为总统面临的首个挑战就是恢复厄瓜多尔的主权。他说:"这是一个主权被剥夺和破坏的国家。在这里,国际货币基金组织的官员们比我们的人民权力更大。你无法想象我们已经屈从到了何种程度。例如,中央银行的自主权方面,央行独立于我们运营,却完全听华盛顿的,以至于国际货币基金组织在厄瓜多尔央行里有自己的办公室。如果我作为经济部长想要一间办公室,他们可能还会向我收取租金,但国际货币基金组织却可以完全免费拥有办公室。在自然资源、经济政策、外债处理等各个方面的屈从都已经到了令人羞耻的程度。对我而言，恢复主权是一个巨大的挑战，而通过恢复主权，我们可以成为自己命运的主人，这样我们就可以帮助最贫穷的人，解决不平等问题。"

当提到不平等问题时，科雷亚说拉丁美洲不是最贫穷的大陆，但肯定是不平等问题最严重的大陆。能否通过经济政策或者社会政策解决这一问题？厄瓜多尔总统回答说："没有好的社会政策，就不可能有好的经济政策，反之亦然。拉丁美洲过去几十年的经济政策为何如此失败？因为是只懂数字的技术官僚搞的这些政策。某些正统经济学家被捧上神坛，他们实际上并没有全面的视野。这些政策应该由具有全面视野的政治家来制定，经济学只是其中的一小部分。而且即使是这些破坏经济的经济学家都不能了解经济的整体情况，他们知道的也只是经济的某些部分。我一直告诉他们，他们与其说是经济学家，不如说是会计。一个好的经济政策，必须搭配好的社会政策，必须有社会凝聚力，让我们每个人都能感觉到从经济政策中受惠，就是这么简单。"

一个不太爱学习的学生

路易斯·拉索·阿尔瓦雷斯是瓜亚基尔拉萨尔学校的校长，拉斐尔·科雷亚曾在该校就读。阿尔瓦雷斯向我们展示了一些文件，并解释说："这是成绩单，其中包括出生证明、他进入中学时的照片以及他在倒数第二学年的照片。"据阿尔瓦雷斯称，根据科雷亚的成绩单，"从四年级开始，科雷亚的成绩开始下降。但显而易见的是,他花在社会活动方面的时间更多了,他参加了针对退伍军人和童子军的社区服务,但确实有些科目他有些忽视。"

想法和事实

当今拉丁美洲各国政府面临的最重要挑战之一就是实施惠及大众的进步政策,这既是人民的诉求,也是历史的要求,同时又要有效地实施这些政策。这两个方面是否很难同时做到?之间是否存在相悖的问题?拉斐尔·科雷亚给出了自己的看法:"我不认为两者之间存在任何排斥。的确过遇到过这种情况,有些人说的话我非常认同,想法上与我们完全一致,但到了关键的落实时刻,他们就令人很失望,没有务实精神和执行能力。"

效率往往被认为是自由主义的标签,而中左翼运动则被指责为不切实际。那么,是否有可能在务实的同时又保证惠及广大民众呢?厄瓜多尔总统继续分析道:"我们的原则非常明确,同时我们也非常务实和客观,这之间并不矛盾。你可以是一个伟大的理想主义者,但要脚踏实地,我们就是这样。我认为我们在效率方面做得很好,比如我可以告诉大家,今年(2008年),我们中央政府投资预算执行率可能要达到80%,而前几年仅仅是30%,这些都体现了国家正在发生的巨大变化。我们非常注重效率和严谨性。要做的工作还有很多,因为并非所有事情靠总统及其部长团队就能做到。官僚机构停滞不前,缺乏紧迫感;体制机制过时，不能与时俱进；有的法律条文目的就是束缚住你的手脚。但我们正在一点一点地克服这些障碍，我可以说我们是一个高效的政府，至少按照历届厄瓜多尔政府的标准是这样的。"

科雷亚对厄瓜多尔国情的描述引出了一个新的问题，政府如何才能高效地执行进步政策？总统所设想的厄瓜多尔政府是怎样的模式？他解释道："我们就这个问题思考了很多，并改变了政府的模式。政府必须真正代表全社会，以前它代表的是背后的利益阶层和政府成员本身，我们在这方面已经取得了长足的进步，而最终的变革将通过新宪法来实现（注：新宪法最终于2009年9月获批）。我们希望建立一个效率更高的政府，拥有高效的控制和执行体系，同时国有企业能够配合国家发展规划，以前我们甚至都没有国家发展规划。比如当我进入政府时，行政体系中有28个机构隶属于总统府。这如何管理？现在我们将行政体系划分为七大部门，负责协调的部委不设部长职位，只负责协调联系和控制管理，而在其指挥或协调下的是负责执行的部委。因此，我们正在一点一点地解决重合的问题，效率也大大提高了。"

除了这些举措外，科雷亚还补充说，要改善社会参与机制就必须有一种参与性更强的民主，比如做某些额度的预算时必须要有民众的参与。他还有一项提议："或许作为国家改革的一部分，可以建立第五方权力机构，即公民权力机构，该机构可以与公民代表一起解决各种矛盾。例如国会选出监督者来监督管理者，也就是立法选出司法，司法监督行政。在这个过程中，作为监督者的检察官必须与立法者和不同的政治力量进行交涉，只有这样才能成功当选，那么他们就很难完全不偏不倚。如果由公民的力量来选举这些监督者，所有这一切都会改变。"

到目前为止，关于社会参与者我们谈得还不多，我问他如何才能让包括原住民在内的大众在决策中拥有更大的发言权？科雷亚想了想，然后说："我们犯了一个错误，那就是一种行业合作主义的错误，认为这种参与就是在决策层面给原住民一个席位，给商人一个席位，这种想法很可怕，因为他们不会考虑共同利益，而仅仅维护部门或团体的利益，无论这些利益多么合理或重要。我们认为这种模式是不健康的，我们正在做一种新的设计，在这种设计中，我们会设立决策委员会和咨询委员会，社会各方都将参与其中，即使他们之间存在利益冲突。但最终的决策应由具有民主合法性的决策委员会做出，他们可以来自某个群体，由某个机构提名，并经民主选举产生。"

时代的变革

在审视当前拉丁美洲复杂多变的局势时，一个鲜明的现象跃然眼前：若干国家正在同步推行一系列共通的政策措施。这一现象恰逢世人普遍认同我们正处于一个变革的时代，而对此，科雷亚却独树一帜，倾向于将其表述为"一个时代的变革"。这种表述并非出于修辞技巧的卖弄，而是蕴含着深刻的时代洞察与战略远见。他解释说："在20世纪90年代，'华盛顿共识'的实施给拉丁美洲带来了一场灾难，一个没有我们拉丁美洲人参与的共识，是谁的共识？那是权力集团的共识，是高高在上者的共识。与此同时,一个个小丑来到了拉丁美洲!包括旅行还要带着发型师的卡洛斯·梅内姆,巴西的科洛尔·德梅洛,秘鲁的藤森。我们在21世纪看到了什么?所有这些傀儡政府都像纸牌屋一样倒塌了,进步的政府带着历史的眼光开始寻求一体化,最重要的是,这些政府得到了民众的广泛支持,带着巨大的政治资本上台。为什么?因为拉丁美洲人民认识到他们是真实的,认识到他们真正要为人民谋福祉,认识到他们跟以往的那些叛徒不一样。这就是时代的变革。"

在解析这一系列变化的背后动因时,不同的观察视角与理论框架给出了多元且颇具说服力的解读。一种观点着重于宏观经济层面,将之归结于全球大宗商品与原材料市场的价格上扬态势,以及由此带来的对拉丁美洲经济环境的有利影响。另一些分析人士则将视线投向地缘政治领域,指出美国对拉丁美洲政策的战略调整构成了推动该地区政策转变的关键因素。他们指出,随着美国外交重心的转移以及对其传统势力范围——即所谓的"后院"关注度的相对下降,拉丁美洲各国在自主决策空间扩大、外来干预减少的环境下,得以更加自如地探索符合本国国情与民众意愿的发展路径,进而推动了政策层面的深刻变革。此外,还有一种观点认为,当前的政策转变实则是民众运动广泛兴起、社会力量深度参与政治进程的结果,可视作拉丁美洲社会成熟度提升、公民意识增强的表现。拉斐尔·科雷亚对此有何看法?他说:"我认为最重要的是拉丁美洲人民的觉醒,但当然也有其他一些促成因素。我认为小布什促使了拉丁美洲人民的觉醒,他的外交政策过于拙劣,引起了大家的不满,这就帮助拉丁美洲国家进步政府实现了方向的转变。至于说这是大宗商品价格带来的经济上的一时运气？当致力于推动变革的政府上台时，一直有人这样唱反调，试图污蔑他人的胜利，诋毁他人所得到的认可，这就是为什么在拉丁美洲凡是不符合主流的思想就被称为民众主义。而什么是民众主义？从来都没有恰当的定义。我们的政府很受欢迎，这是同他们那些所谓的主流不一样的。看看乌戈·查韦斯，他从1998年开始执政，深受人民拥戴。拉丁美洲人民正在觉醒，他们终于开始成为自己命运的主人，并感受到政府真正地代表了他们的利益，而不是一心想着华盛顿，想着卸任后的位置。政府不再说一套做一套，嘴上说着西班牙语，心里想着英语。"

2008年5月，《南美洲国家联盟组织条约》在巴西庄严签署，标志着区域内各国在深化地区一体化、增进互信与合作的道路上迈出了决定性的一步。尽管会议氛围总体洋溢着团结与协作的精神，各成员国在诸多核心议题上达成了广泛共识，但不容忽视的是，条约签署的背景之下，亦潜藏着某些成员国间悬而未决的矛盾与分歧。具体而言，阿根廷与乌拉圭之间、智利与玻利维亚之间、哥伦比亚与厄瓜多尔之间，历史上曾有过公开的冲突与摩擦。那么，这些横亘于个别国家之间的具体问题，是否会从根本上动摇整个地区组织的凝聚力，阻碍南美洲国家在一体化道路上的携手前行呢？科雷亚分析道："我们面临的巨大挑战在于一体化能否迅速产出具体的成果，如果一体化不能改善拉丁美洲人民的福祉，我们的人民可能就会反对它。因此，我认为在一体化过程中必须面对共同的问题，并快速应对这些问题。"

邻居

　　一位小时候就认识科雷亚的大胡子男士回忆说:"穿着蓝色制服,戴着一副大眼镜,拉斐尔·科雷亚就像个童子军。他很关心穷人,可以说他是为数不多的当上了总统还不忘初心的人。"曾经是科雷亚家邻居的一位老妇人带我们参观了他童年时期居住过的房子,她说:"他小时候和其他孩子一样,很亲切,喜欢玩研究性的游戏,很爱问问题,还喜欢给他的兄弟们下命令。"苏昆比奥斯省的一位男子这样评价科雷亚:"当我们看到一位总统来到我们这样的省份,来到新洛哈这样的城市,来到市场里,那就表明他与人民站在一起。其他人来的时候,他们只是在一两百名保镖的护卫下登台亮相,然后坐上飞机立马就走了。我在这个小镇待了二十年,这是第一次有总统和奇拉人,和穷人坐在一起吃饭。"

　　我想知道,在各国内部存在着巨大的差异性,国家之间也存在着差异的情况下,一体化是否有可能实现。科雷亚说:"这完全有可能,但我们必须像欧盟那样处理这些差异。有些举措完全不会受到外部或内部不对称性的影响,能够让每个人受益。比如金融一体化,把我们的资金储备放在一起,我们就会有充足的资金供本地区使用,而不需要向地区以外的任何人伸手。相反,今天我们一直在为第一世界提供资金,管理我们各国储备的自治央行却与他人蝇营狗苟。因此,未来的希望就在于建立南方银行。"

　　这个话题引出了一些拉丁美洲领导人热议的另一个问题,即21世纪社会主义的概念。这一思想是否有自己的本质内涵？科雷亚认为有，并阐述了自己的立场：

> 有一个非常明确的本质内涵，比如认为人类劳动高于资本，人类劳动是新自由主义漫漫长夜的最大受害者之一。在"劳动力灵活化"的婉转说法下，所做的一切都是在摧毁劳动者的灵魂。当我进入政府时，有一些合同甚至试图不给劳动者支付劳动酬劳。例如，一家玩具店在圣诞节期间雇用大学生，从晚上六点到十点，为期三周。当我进入政府时，卢西奥·古铁雷斯制定的小时合同条例规定，最多可以有75%的雇员长期按小时雇用。这种做法你能想象吗？那么"21世纪社会主义"的特点是什么呢？那就是承认人类劳动高于资本。人类劳动不仅仅是一种普通的生产手段，它还是生产的根本目的。并不是说人类劳动必须服务于资本积累，资本和其他所有生产要素都必须服务于人类劳动和人类本身，这是与古典社会主义的第一个重合之处。其次是对社会公正的追求，这对于世界上最不公平的地区来说迫在眉睫，必须成为所有公共政策的核心目标。第三个共同点是需要集体的行动。自私自利和个人主义被奉为经济社会最高美德，被包装成是人类历史发展的动力，这是最大的谎言。仔细看看当今所谓的发达国家的发展进程，你就会发现，集体行动始终占据着优先地位，并被强加于人，以便主导和规范市场并获得想要的目标。那么，这种集体行动是如何实现的呢？在社会

层面，通过制度化的代表也就是政府来实现。在这一点上，他们想要做的是摧毁一切公共事物，将政府最小化，破坏一切的规划。在所有这些方面，我们都同意传统社会主义的准则，那么我们有何不同？在21世纪，武器就是选票，士兵就是人民。还有什么不同呢？传统上，要解决矛盾，就要消灭私人经济，没收私有财产。在21世纪，谁能忍受这样的野蛮行为？21世纪的社会主义所追求的是我们的社会中存在各类资本所有者，让资本民主化。另一个重大区别是什么？我们摒弃教条主义、原教旨主义和各种教义要理。21世纪的社会主义是一种动态过程中的社会主义，是一种不断变化的社会主义，是一种建设中的社会主义。我们知道，无论我们有多少相同之处，但归根结底厄瓜多尔和委内瑞拉、委内瑞拉和玻利维亚、玻利维亚和阿根廷的国情都是不同的。我们首先要了解问题，然后才能给出具体的答案，有的人在了解问题之前就已经给了答案，这样是不行的。古典社会主义最大的错误或许就在于，并没有在概念上与资本主义区分开来。从理论上讲，它所提出的是一种以更加公正的方式更快达到资本主义所定义的发展的模式，但本质上是一样的：积累、唯物主义。今天，21世纪的社会主义提出了新的发展理念，这些理念不同于古典社会主义之前提出的理念，显然也不同于资本主义理念。

厄瓜多尔

快乐的乌托邦

我们不再讨论具体政策和理念,来谈谈梦想,科雷亚梦想在任期结束后留下什么遗产?他回答说:"我的梦想是留下一个没有贫穷问题的国家。我们不想成为一个多么富裕的社会,我们衡量发展的标准不是'一直富裕的人过得有多好',而是'一直贫穷的人过得有多好'。我们的优先事项和首要目标是减少这个国家的贫困,我的梦想是留下一个没有贫穷问题的国家,但这很难实现。至少,我们希望让这个国家走上与我们理念相符的发展道路,并且不再走回头路。我们的理念并不是让那些一直控制着我们的上层社会享受高端的技术,继续过着富裕的生活,而是让那些一直以来一无所有的人能够过上美好的生活。"

梦想,乌托邦。快乐在实现乌托邦的过程中很重要?科雷亚想了想说:"戈伊蒂索洛曾说过:'乌托邦是我们尝试过却没有实现的东西',而我们甚至还没有开始尝试。我认为我们必须有梦想,而且要有远大的梦想。我们被强加了很多准则和规范,但不能被它们束缚住。我们的梦想不是厄瓜多尔成为安第斯山脉的瑞士,而是有一天瑞士想要成为阿尔卑斯山脉的厄瓜多尔。这也是时代的变革,我们壮志凌云。但同时我也坚持认为我们是务实的,我们的目标是社会利益最大化。我们必须怀着喜悦的心情去做这一切,因为如果我们必须怀着悲伤、牺牲和绝望的心情去做这一切,那么最好还是回家吧。我们说过,公民革命必须是一场快乐的革命,他们可以夺走我们的一切,除了快乐。"

当厄瓜多尔总统每天醒来时,最主要的感受就是快乐吗?"并不总是这样,有时你也会感到疲惫和压力,会为一些事情忧心,但这时我会跟身边的顾问们说：'让我睡一觉吧。'我是一个工作狂，但有时我会对自己说：'今天要和家人共度一个下午'，或者我要去听儿子的合唱。我们知道如何把握一个度，留一个空间，让我们不会失去这种快乐。要保持这种快乐并不容易，但当你失去它时，你必须停下把它找回来。"他笑着说。

尼加拉瓜

丹尼尔·奥尔特加

革命与死亡

1945年11月11日，何塞·丹尼尔·奥尔特加·萨维德拉出生于尼加拉瓜崇塔莱斯省拉利伯塔德市。他与诗人罗萨里奥·穆里略·桑布拉诺结婚，育有七个子女。青年时期的奥尔特加，怀揣着对公平正义的执着追求，曾步入学术殿堂，于1962年进入马那瓜的中美洲大学攻读法律专业，意图通过知识的力量来推动社会变革。然而，仅仅一年之后，他对理论与实践相结合的迫切渴望促使他做出了一个人生转折性的决定——毅然中断学业，全身心投入到了桑地诺民族解放阵线的革命斗争之中。这一抉择不仅体现了他对理想的坚定信念，也昭示了他勇于担当历史使命的决心。1965年，奥尔特加的革命生涯迎来了关键的飞跃。他在组织内部迅速崭露头角，凭借卓越的领导才能与战斗精神，荣升为指挥官一职。1967年，他不幸被捕入狱，历经五载铁窗生涯，直至1972年，奥尔特加终于重获自由。重获新生后不久，奥尔特加于1974年踏上了前往古巴的旅程。1975年，奥尔特加适时归国，带着新的理念与战略，再度投身于尼加拉瓜的民族解放斗争洪流。1980年，奥尔特加的领导地位已无可动摇，他被选为桑地诺民族解放阵线代表，出任民族复兴政府执政委员会协调员这一关键职务。1984年，奥尔特加在民主选举中脱颖而出，成功当选尼加拉瓜共和国总统，任期自1985

年至1990年。2007年，他再次就任总统。2011年和2016年两次连任。2022年再次连任，宣誓就职，开始新一届五年任期。

"进行自我批评很难。"尼加拉瓜总统丹尼尔·奥尔特加这样评价桑地诺民族解放阵线在20世纪80年代的执政表现。他还说:"对革命进行自我批评并不容易,因为革命总是具有强大的驱动力和能量,以至于我们很难回过头来思考,如果我们没有这样做或那样做,结果会如何。"但实际上故事很早之前就开始了。

20世纪20年代,奥古斯托·桑地诺在尼加拉瓜领导了抵抗美国侵占的运动。1934年,桑地诺被国民警卫队总司令阿纳斯塔西奥·索摩查暗杀。杀害桑地诺两年后,索摩查通过政变攫取了总统职位,统治尼加拉瓜长达16年,其中1947至1950年短暂下台。他死后,其子路易斯·索摩查·德瓦伊莱继任总统。1961年,卡洛斯·丰塞卡成立了桑地诺民族解放阵线,反对索摩查·德瓦伊莱的独裁统治。

尼加拉瓜现任总统在阵线成立前就已经开始参与政治活动,早在他13岁时。他回忆说:"当时,我们正在进行学生斗争,我父亲是发起人。我们兄弟三人参加了许多抗议活动,总是被抓住。我参加的第一次示威游行是为了抗议洪都拉斯的一场大屠杀,随后我们成立了组织开展运动,也就是后来的尼加拉瓜爱国青年团,再次举起了奥古斯托·桑地诺的旗帜。"

奥尔特加和其他那些参与者都希望能够改变尼加拉瓜的社会现实,他们采取政治行动的主要动力是进行反独裁斗争。不过,奥尔特加承认,他的革命情怀也来自其他方面:"这与我在家庭中接触基督思想时感受到的认同感有关。我来自一个信奉天主教和基督教的家庭,但是具有反抗精神。我父亲与桑地诺在一起,我母亲被独裁政权逮捕,但在阅读马克思、列宁和恩格斯的著作之前,我就已经是具有反抗精神的基督教徒。"

奥尔特加曾是爱国青年团的成员,正是在那里,他第一次体验到了参加革命的后果。他说:"在青年团里我们分为多个小组,在小组里我们组织了对美国大使馆和索马里卫队的车辆破坏行动。在一次抗议活动后,我被捕入狱,那是我第一次进监狱。因此,15岁那年我就体验了酷刑,刑讯室就在总统府里,在地下室的一侧关押政治犯。大家心里都清楚,只要革命就会被折磨。"

初次尝受囹圄之苦后,奥尔特加并未因此退缩,反而愈发坚定了其抗争之路。然而,随之而来的并非坦途,而是接二连三的被捕经历。面对当局的高压与迫害,他毅然决然地投身于"学生革命阵线",这是一个新崛起且充满活力的桑地诺阵线旗下的学生团体,汇聚了一群热血沸腾、矢志改变现状的青年才俊。怀着对自由与正义的共同追求,这批年轻斗士响应号召,勇敢地跨越国境,远赴危地马拉,期望在那里与当地的抵抗力量并肩作战,接受实战训练,提升革命技能。然而,命运之手却在此刻无情地捉弄了他们。他们一到那里就被警察逮捕,并再次遭受酷刑。当时古巴革命已经取得胜利,大部分审讯都是问这些年轻的游击队员与古巴有什么联系,然后警察把他们交给了索摩查。

奥尔特加长期在秘密状态下生活。20岁时,他晋升为指挥官,并与卡洛斯·丰塞卡一起成为桑地诺民族解放阵线全国领导委员会成员。他组织了人民公民委员会以及城市游击队网络。1967年,奥尔特加再次被捕,并在监狱中度过七年。奥尔特加总统清楚地记得那段时光:"我从

尼加拉瓜

1967年11月一直被关到1974年12月，当时有120间牢房，我们七个人被分散关在那里，完全与世隔绝。我记得有一块小牌子上写着：'不许说话，不许唱歌，不许吸烟，不许坐下，不许和看守交谈。'这是白天的要求，而晚上也不能关灯，要保证看守能够看到我们。我们不得不进行长时间绝食，有一次绝食持续了将近40天，最终我们还是通过一些看守与我们的同志联系上了。我们会给他们传递信息，他们会给我们送书或报纸。事实上随着时间的推移，我已经习惯了那种生活。"

我问他，在那七年中，他是否曾觉得斗争没有意义，或者觉得运动不会成功。奥尔特加说："没有，我们始终把监狱当作战斗的另一个战壕。这段经历锻造了我们，增强了我们的力量。监狱对我们而言是一个挑战，但我们确信总有一天要逃出去。我们制定了几次越狱计划，但都被发现了。后来又有一次越狱，我们差点被杀了。实际上那次是索摩查渗透进来的人组织的，他们正等着我们越狱然后杀了我们，是一些前来警告我们的同志救了我们。"

奥尔特加和他的同伴们在奥班多大主教的调解下获释，奥班多大主教是少数几个能够打破阻隔、探望囚犯的人之一。

放大镜下的奥尔特加

来自尼加拉瓜社会不同领域的人表达了对丹尼尔·奥尔特加的看法。《新日报》的一名记者说："作为个体，奥尔特加是一个谜。右翼政府没能解决人民最关切的问题，人民对他们感到失望，于是在丹尼尔·奥尔特加身上看到了不同之处。如果不是奥尔特加，现在没有人能治理尼加拉瓜。"一名男子坐在马那瓜街头的金属椅子上说："奥尔特加是一个坚定、勤奋、神秘的人，他寻求共识，信守承诺。"另一位尼加拉瓜人拖了拖自己的绿色衬衫然后说："奥尔特加不仅是一位总统，他更像是一位政治煽动者，很多人恨他或爱他，但很难对他无动于衷。我觉得如果没有丹尼尔·奥尔特加，尼加拉瓜的历史将是不完整的。"另一个人认为奥尔特加是布道者。还有人说他是个大问号。一位年轻人说："奥尔特加是百年难遇的传奇人物。"

丹尼尔·奥尔特加的话让我想到了游击队员与死亡之间的关系，这是一种怎样的关系？奥尔特加思索道："一个人要准备好面对最大的风险，包括死亡。我们经常半开玩笑半认真地说：'看什么时候轮到你。'因为一直有同志牺牲，我也是九死一生，在示威游行中，在监狱里，在战斗中子弹从我头顶飞过，我都险些丧命。"

桑地诺和丰塞卡

丹尼尔·奥尔特加，作为尼加拉瓜革命史上不可或缺的巨擘之一，其名字与两位先驱——奥古斯托·桑地诺和卡洛斯·丰塞卡并肩镌刻在国家解放斗争的荣誉榜上。那么他与桑地诺最初的接触是怎么样的？奥尔特加说："第一次接触是通过我的父亲，因为我父亲和桑地诺在一起,他保存着桑蒂诺的来信。也就是说,我第一次接触桑地诺是通过听别人念的信,通过谈话,而不是通过读书,因为当时尼加拉瓜还没有真正关于桑地诺的书籍,只有索摩查出版的一本。在爱国青年团中,我们开始组成学习小组来更多地了解桑地诺。当时,格雷戈里奥·塞尔塞尔所著的《自由人士的将军桑蒂诺》一书的第一版最初在阿根廷出版,后从古巴秘密寄到尼加拉瓜,那本书当时在我们这里价值连城,大家都追着读。"

第一次听到卡洛斯·丰塞卡的消息时,奥尔特加已经是桑地诺阵线的成员,当时丰塞卡在查帕拉尔地区的战斗中负伤。尼加拉瓜总统回忆说:"我是在监狱里认识卡洛斯的,他当时在游击队第一次入侵博凯和雷蒂镇后被俘。他在狱中写了一本题为《我在狱中控诉独裁政权》的小册子,这是我拿到的第一本卡洛斯的作品,我们在城市里四处秘密散发。后来我和卡洛斯第一次真正会面是在潘卡桑,当时他加入了游击队,那是在1967年。"

丹尼尔·奥尔特加亲述了他与卡洛斯·丰塞卡之间那段深厚而默契的革命伙伴关系,二人共同铸就了尼加拉瓜解放斗争的辉煌篇章。在那段峥嵘岁月里,他们各司其职,却又紧密协作,形成了一种互补协同的领导模式。丰塞卡以其勇毅与智谋,专注于领导偏远山区的游击战事,坚守着民族抵抗的前线阵地;而奥尔特加则在首都马那瓜这片政治心脏地带,巧妙地组织与指挥着地下抵抗网络,悄无声息地瓦解着敌人的统治根基。尽管各自战场不同,奥尔特加与丰塞卡之间的联系却从未因地理距离而疏离。他们频繁穿梭于崇山峻岭与都市丛林之间,定期举行秘密会议，共同擘画战略蓝图，精细调整战术部署，确保民族解放阵线在复杂多变的斗争环境中始终保持方向明确、行动一致。这种往来奔波的艰辛，恰恰映射出他们对革命事业的无比忠诚与无私奉献，以及对彼此信任与依赖的深厚情谊。奥尔特加说："卡洛斯要求我们加入桑地诺主义，因为这是我们的价值观、我们的历史。当时引起了一些争论，但最终还是把民族解放阵线变成了桑地诺民族解放阵线。"

获得政权的游击队

奥尔特加在拉丁美洲是一个特殊案例。他是一名游击战士，参加了反对专制政权的武装斗争，成功上台，后来又通过选举再次当选总统。

1979年，桑地诺阵线推翻了第一任独裁者的儿子、路易斯的兄弟阿纳斯塔西奥·索摩查·德瓦伊莱。国家由民族复兴政府执政委员会管理，该委员会是在索摩查独裁政权即将垮台的背景下成立的，作为过渡政府负责管理国家。当时，奥尔特加正在哥斯达黎加。他回到尼加拉瓜后，民族解放阵线执掌执政委员会，他当了执政委员会协调员，实际上就是共和国总统。1984年11月，他要求举行选举，并以63%的选票获胜。1985年1月，他正式担任总统。

但是，革命者丹尼尔·奥尔特加是否曾想过自己会成为尼加拉瓜总统呢？他说："事实上，我们坚信革命会在这里取得胜利。但我们也坚信我们将战死沙场，我们不会亲眼看到胜利。我们就是抱着这种心态进行战斗的。换句话说，'我们不会看到胜利，但胜利一定会到来'。我们都没有想过能亲眼看到胜利,就更没想过自己要走得更远。就像歌里唱的那样,'感谢生命,给予我太多'。最震撼人心的是第一次在电视上看到桑地诺脱帽致敬的画面,我们阵线终于控制了电视台,那一刻我热泪盈眶。看到那一幕,我确信我们真的胜利了。"

革命者已经掌握了政权,那么问题是:他们做好执政的准备了吗?奥尔特加分析道:"我们制定了一项政府方案,要从传统的游击运动转为传播斗争精神的游击运动,也就是要将人民纳入到战斗中来。当时,人民更像是旁观者,所以我们决定传播这种斗争精神。我们说:'我们不能继续待在丛林里,我们必须去城市,去离人民近的地方。'我们认为,必须要建立一个非常广泛的阵线,将上层社会、各经济阶层和所有反对索摩查的人们聚集在一起,并制定一项计划。我们必须去占领军营、市县和省份,我们必须让人民做好最起码的准备,这样就算哪天军营沦陷了,人民也会知道他们必须去战斗,而不是等游击队来。从那时起,我们开始制定一项政府计划,将社会各界认同我们的人纳入其中,维奥莱塔·查莫罗、塞尔吉奥·拉米雷斯、莫伊塞斯·哈桑和阿方索·罗贝洛就是这样加入我们的。在获得最终胜利的前夕,我们已经有了执政方案,我提到的所有这些人都很认同,也就意味着我们的方案得到了社会各界的支持。"

那么问题在于,桑地诺阵线的这一政府计划是否能够实现它所希望的变革。丹尼尔·奥尔特加说当时从根本上铲除了现有的经济结构,军事体系也发生了变化。他补充说:"我们在革命和人民意志的基础上建立了新的军事体系,经济结构和所有制结构也发生了深刻的变化,所有制结构的改革还引发了许多矛盾。1984年,我们举行了选举。面对美国的攻击,我们选择通过选举将革命合法化。我们还制定了宪法,当时国家还没有宪法,只有一部临时宪章。我们成立了全国代表大会,1985至1987年运行了两年。1987年1月,尼加拉瓜颁布了新宪法,其根本原则是多党制、混合所有制经济和不与帝国结盟。"

桑地诺主义者所说的混合所有制经济指的是什么?奥尔特加解释说:"意思是应该存在最多样化的所有制形式,集体所有、国有、联合所有、个人所有和大中小型经济主体。不允许有大地主和闲置土地,战略性经济领域必须掌握在国家手中,包括相关的企业和基本社会服务。所有这些构成了混合所有制经济,我们通过这一模式极大地推动了农工部门的发展。在战争期间,我们成功地创造了前所未有的条件,创造了资本主义没能在尼加拉瓜创造的条件。混合所有制经济的核心是所有不同形式的合作以及家庭和个人经济都可以自由流动。"

在桑地诺主义上台20多年后,回头看我们可以说1990年结束的那个时期是一个充满冲突和变化的时期。我问尼加拉瓜总统,从他的角度看,这一进程的负面因素有哪些。奥尔特加告诉我对革命进程进行自我批评是很难的,他分析了情况:

> 我认为关键因素是美帝国主义与尼加拉瓜之间存在的历史矛盾。为什么?因为我们的地缘政治位置和过境的路线,美帝一直盯着尼加拉瓜,将尼加拉瓜作为巴拿马运河的储备地。因此,当美国发现这里正在建立一个革命的、团结的反帝政权时,就会立即开战。当时我前往美国,与吉米·卡特

一起参加了联合国的一次会议。卡特对我说:"现在你们必须改变。"我回答说:"不,必须改变的是你们。"当时我告诉他,尼加拉瓜需要建立一支新的军队,需要武器,需要这样那样的东西。他的回答是武器不行。于是我们开始在其他地方寻找武器来武装军队,一位美国特使来了,问我为什么要加强武装。他告诉我他们不允许我们加强武装,尤其是使用来自社会主义阵营的武器,因为他们认为这会威胁到他们的安全。我告诉他,我们必须保护我们的公民不受他们的伤害,他说:"难道你没有注意到,美国捏死你们就像捏死一只蚂蚱那么容易吗?这些武器对你们没有任何用处。"这个问题上我们或许可以说有错误,但错得多严重?在局势如此激烈、如此动荡的情况下,又怎么能说是错误呢?归根结底,我们的目的是捍卫自己。当然,我们或许会说,为什么我们不对民族复兴政府执政委员会内部的右翼势力采取更灵活的态度?但那样的话,我们就相当于在接受没有索摩查的索摩查主义。如果我们接受了没有索摩查的索摩查主义,他们就会称我们为"民主派",我们马上就会受到美国的表扬,然后受到所有右翼的表扬,然后就会有资金,很快所有的右翼媒体都会歌颂我们。但是,我们的道路是不同的,我们斗争的目的就是实现革命性变革。如果说错误的话,我觉得是没有立即进行土地改革算是一个错误,当时我们更重视发展国有企业。另外一点,我们这个民族虔诚地信仰基督教,但我们没有处理好与教会的矛盾。有一系列的东西,我们确实可以把它们说成是错误，但是鉴于当时情况的严重性和复杂性，割裂骤然发生，很难说哪个是因，哪个是果。

另一方

桑地诺革新运动是尼加拉瓜的一个政党，1995年因桑地诺民族解放阵线成员之间的分歧而成立。创始人之一是塞尔希奥·拉米雷斯·梅尔卡多，他曾在奥尔特加首次执政时担任副总统。在一次桑地诺革新运动的示威游行中，其重要领导人多拉·玛丽亚·特莱斯说："奥尔特加完全没有能力治理国家，他只是在关闭民主空间。如果他想剥夺尼加拉瓜人民的权利，那他就必须下台。"

从坚守传统左翼立场的视角审视，对奥尔特加政府的评断中，另有一种批评观点显得尤为尖锐，焦点集中在1990年那场具有历史转折意义的选举。那一年，维奥莱塔·查莫罗在选战中击败了时任总统丹尼尔·奥尔特加，而在此之前，她已公开与曾经共同奋斗、如今执政的桑地诺运动划清界限。奥尔特加说，按照尼加拉瓜宪法规定，国家每六年需举行一次全国大选，以确保政权的合法更替与民主进程的延续。他感叹道："1990年大多数人决定把票投给右派，但除了尊重这一点，我们别无他法。我们交出了权力，但随时准备捍卫革命的成果。"

回归

　　2007年1月10日，历史的天平再次倾向丹尼尔·奥尔特加，他在总统大选中以显著的10个百分点优势力挫竞争对手爱德华多·蒙特莱格雷，荣耀地再度宣誓就任尼加拉瓜国家元首。然而，此刻的世界舞台与当年桑地诺阵线掀起革命风暴之时已然不同。那么，面对这样的时空变迁，究竟是当年风雷激荡的革命岁月，还是如今全球化交织、意识形态多元的新时代，更能为桑地诺主义的实践与发展提供适宜的土壤？奥尔特加分析道："在拉丁美洲新的历史条件下，通过选举重新获得权力给了我们当年所没有的空间。因为我们的拉丁美洲已经发生了非同寻常的变化，现在我们甚至可以化解掉帝国的侵略性。我们面对的是一个新的局面，拉丁美洲有了自己的身份认同和旗帜，有团结精神，谋求地区一体化。"

　　在新的任期内，奥尔特加把发展公共卫生、教育和"零饥饿"计划作为优先事项，那么是否存在有利于这种变革的国际条件？尼加拉瓜总统说："我认为国际条件一直对我们不利。只要以美国为首的资本主义在世界上继续实行暴政，他们就会合谋反对我们所有的计划。就是他们让地球变成了如今的样子，那么在这种情况下如何才能开辟空间呢？我们可以通过一体化进程团结起来，通过团结互助和公平交流来开拓我们自己的空间。但我们现在的形势比以前要好，因为现在我们有可能通过团结来巩固这一空间，以前是不行的，以前大家都各自为政，受美帝制定的规则和全球资本主义的支配。"

　　历经桑地诺革命三十载春秋，尼加拉瓜民众的生活境况依旧堪忧，民众依然深陷贫困的泥沼。虽然近年来民主政府接踵而立,却始终未能破解贫困难题,实现民众生活水平的实质性提升。尽管如此,尼加拉瓜社会对于民主体制的信仰与依赖并未因此动摇。奥尔特加对此现象给出了深刻洞见,指出自1990年代以来,他的同胞们在每一次至关重要的选举中,出于对生存本能的关切,往往选择了保守派政府作为自己的政治代言人。他们这样做并非完全出于对保守政策的认同,而是受一种深层恐惧的驱动:他们被告知,一旦桑地诺阵线重新执掌政权,战火将会重燃,国家将再次陷入动荡与分裂。此种心理暗示如同阴霾般笼罩在选民心中,使得他们在投票时刻,优先考虑的是和平与稳定,而非激进的社会变革与经济实验,即便这些变革是为了打破贫困的恶性循环,实现社会公正。他补充说:"现在我们重新执政,右翼的谎言被拆穿了。战争在哪里?我们正在制定计划帮助人们摆脱极端贫困。为什么这么说?因为我们正在解决之前的政府并不会优先考虑的问题。以能源问题为例,新自由主义所做的唯一一件事就是将能源分配私有化,进一步加剧能源危机。"

委内瑞拉总统乌戈·查韦斯和玻利维亚总统埃沃·莫拉莱斯经常把他们的事业称为"21世纪的社会主义"。社会主义在拉丁美洲有可能实现吗?为了回答这个问题,奥尔特加谈了所谓现实社会主义的概念,并基于这个概念谈到了当下:"社会主义是人类实现正义、和平和真正民主的另一种选择。当我谈到社会主义时,我指的是我们在苏联、德意志民主共和国以及所有那些国家的社会主义,他们是真正团结的人民和政府,他们实行公平贸易,并在贸易关系中承认不对称性。如果没有社会主义阵营的存在，我不知道要如何巩固古巴革命或桑地诺革命。苏联如何善待南方人民，这是大家有目共睹的，从来没有任何一个资本主义国家这样对待南方人民。我认为在新的形势下，我们不能忘记我们从那个时代继承下来的美好精髓，那是社会主义在世界上的最初表现。如果我们丰富这一精髓，对其进行调整，使其适应拉丁美洲各民族正在经历的历史进程，我相信就有可能实现社会主义。为此，我们必须打破霸权主义，增强拉丁美洲、非洲和亚洲的影响力。"

自桑地诺革命胜利以来，尼加拉瓜发生了变化，拉丁美洲变了，世界也变了。但从1979年领导民族复兴政府执政委员会的游击队员到现在的尼加拉瓜总统，丹尼尔·奥尔特加发生了什么变化？他说："我大概就是长了一些岁数，但连我的敌人都说我还是老样子。我一会儿穿这个颜色的衬衫，一会儿又换成那个颜色，仅此而已。在原则方面，我不会改变，要改变的是世界。要让我们不再谈论帝国主义，帝国主义就必须消失。有人说我的讲话总是老生常谈，但我总是说同样的话是因为历史也还是老样子。"

巴拉圭

费尔南多·卢戈
牧师出身的总统

　　1951年5月30日，费尔南多·阿曼多·卢戈·门德斯出生于巴拉圭伊塔普阿省内圣佩德罗德尔巴拉那行政区的小镇圣索拉诺。青年时代的卢戈于1969年在恩卡纳西翁地区教育中心完成了学业，取得了教师职业资格。紧接着，他在学术追求上更进一步，于1972年在巴拉圭首都亚松森的天主教圣母大学取得宗教研究专业的本科学位。1977年，卢戈被正式授予牧师职衔。然而，他的学术之旅并未止步，1983年至1987年期间，他远赴意大利罗马，进入宗座格里高利大学深造，专攻社会学领域，尤为关注教会社会教义这一方向，这为他日后参与社会改革与公共事务打下了坚实的理论基础。1994年，卢戈被祝圣为主教，并被委派至圣佩德罗教区。然而，2005年卢戈做出了一个重大决定，他主动辞去了主教职务。次年，他正式向梵蒂冈提交辞去神职的申请，决心全身心地投身于政治活动。面对他的抉择，梵蒂冈并未接受其辞呈，而是将他停职。2008年4月，在巴拉圭总统选举的激烈角逐中，他脱颖而出，成功赢得选民的信任，当选为国家领导人。同年8月，卢戈正式就任巴拉圭总统，开始了其为期五年的执政历程，直至2013年任期届满。

——您觉得自己结束总统任期的那一天会是怎样的？

——我想自己就像身处一片宁静的绿洲，或许我会开始写作，还会继续祷告。如果一切顺利的话，我一定会为自己履行了对国家的责任而长舒一口气，但愿如此。如果我能把一个焕然一新的国家交给继任者，或许那天晚上我就能睡个好觉了。

——您希望自己的哪个性格特征能够被人们记住？

——谦逊。我不认为自己是知识分子，也不认为自己高高在上。我觉得自己是巴拉圭人民的同路人，我们的人民渴望并梦想着国家变得不一样。我希望大家记住我是一个对人民慷慨给予的人，记住我在担任总统时，千方百计为自己深爱的祖国培育真正的民主，恢复了国家尊严和主权，或许这么想太自我感觉良好了。

与巴拉圭现任总统费尔南多·卢戈的对话是在他就职前进行的。当时，展望他的政府，看到的是满满的希望和未来。民众对这位即将登台的新领导者满怀期待，因为他即将开创拉丁美洲国家首例——由曾任主教的领导人执掌国家政权。那么，宗教身份赋予了他哪些额外责任？卢戈说："我知道，担任总统与我30年来一直从事的牧师工作不同。我认为总统的工作更重要、更复杂，当然我也无意贬低主教工作的重要性。我认为做总统关乎一个国家，一种发展道路，一段历史见证。我相信，巴拉圭的政治进程将会真正从内部发起、由人民发起，是一个从下到上的进程，公民会真正参与其中，这也将是与以往政权的不同之处。"

卢戈在交谈中深情触及了终结科罗拉多党长达六十一载铁腕统治的

话题，他深刻意识到，打破长期单一政党独占鳌头的局面，不仅是对巴拉圭民主进程的一次深度洗礼，更是对国家未来走向多元化、平衡化政坛生态的庄重承诺。卢戈矢志不渝地追求的不仅仅是权力更迭，更是要构建一种植根于公平竞争、多元参与、透明治理之上的全新政治范式。卢戈认为，在这个新阶段，"重点在于提升治理能力、促进人民的发展以及推动国家向前迈进，目前国家处于孤立之中，贫困率极高，不仅是一个地理上的内陆国，在贸易和文化上同样也很闭塞"。

但是，一个当过教师和牧师的人是如何想要从政的？什么时候开始认为自己有可能成为总统的？费尔南多·卢戈说："很多人这么说，甚至在我刚开始担任主教时，就有记者认为我有可能当总统。我是一名非典型主教，因为我喜欢同人民在一起，每周只去一次主教宫。于是，在那个地区自然而然就形成了领导力，成为了具有浓厚社会色彩的宗教领袖。"

卢戈的政治生涯书写得很快。2005年，他毅然告别了熟悉的圣佩德罗市，踏上前往恩卡纳西翁的旅途，怀揣着在那片乡村教区播撒知识火种的初衷。然而命运的转轮并未让他在三尺讲台上停留太久，不久便应召出任亚松森一所学校的校长职务。首都亚松森，作为国家决策的中枢，汇聚了社会各界精英，承载着国家意志的孕育与落地。在这里，卢戈亲身感受了权力运作的脉搏，与形形色色的社会团体、才华横溢的艺术家、质朴勤劳的农民、坚韧不屈的工人、维护权益的工会代表以及运筹帷幄的政治家们频繁交流。这些广泛而深入的接触，不仅拓宽了他的视野，更使他直接感受到了社会各阶层的脉动与诉求,为其日后的政治觉醒与行动积淀了丰厚的土壤。之后,他发起成立了"公民抵抗运动",后来成立了"全国协调会",并在此基础上成立了"爱国变革联盟"。2006年12月17日,一个历史性的夜晚铭刻于费尔南多·卢戈的记忆深处。当日,一股强大的民意洪流汇聚而来,广大农民、工人以及基层社区的民众提交了十万多份庄重的签名,向这位昔日的主教发出召唤,恳请他作出牺牲,卸下神圣的牧职光环,引领一支广泛的政治联盟,投身于政治变革浪潮。卢戈回忆道:"那个夜晚,我想,恐怕是我此生最漫长的不眠之夜,就在那一晚我作出了人生中的重大抉择。"

一座有故事的房子

费尔南多·卢戈的姐姐梅塞德斯·卢戈·迈达纳带我们参观了他们家一直住的房子,她说:"费尔南多就是在这个门前宣布辞去主教职务的。在他就任总统的那天,我们乘坐大篷车从这里出发。"梅赛德斯走进房子,介绍了一个房间:"这是我们所有兄弟姐妹吃饭的房间。之前在这个房间里,我们还要照看一个兄弟,他出了一次事故后来去世了。"随后,梅赛德斯来到院子里说:"有一天我们都坐在这里,费尔南多问我们,'如果我改行从政,你们觉得怎么样?'"

鉴于费尔南多·卢戈目前的职位,他做了什么决定可想而知,但他的决定并非心血来潮,而是经过深思熟虑的。他是这样说的:"我和一些身边亲近的人商量过，包括我的精神导师、牧师朋友、与天主圣言团体关系紧密的人。做出决定后，我们在全国各地召开了六百多次集会，没有做任何发言，仅仅是倾听人们想说的话。这个过程让我们受益匪浅，也让大家知道我们搞政治的方式是不同的，我们要倾听人民的声音。"

我问道，他作为一名政治领袖最显著的特征是否是善于倾听。卢戈回答说："我认为是的。在这里，政治家大多都是口若悬河，他们总是有神奇的方案，永远都是滔滔不绝说不完，我不习惯那样。"

卢戈家族政治渊源深厚，他父母在阿尔弗雷多·斯特罗斯纳独裁统治期间被监禁，几个兄弟姐妹不得不流亡国外，卢戈的政治追求似乎带有某种家族使命感。费尔南多·卢戈是这样说的：

> 1962年，我当时上小学六年级，父亲被关进监狱，受了十个月折磨，他出狱时几乎失明。我永远不会忘记那一天，父亲回到家，他的坚强鼓舞了我们所有人，那一幕我终生难忘。还有一件事，大概也是发生在那个时候。一天清晨，几个警察闯进我们家，把我父亲带走了。他失踪了五个月，我们不知道他在哪里。五个月后，我们得知他被关在亚松森的一个警察局里，那是一个封闭的警察局，见不到阳光。所有这些都让我意识到：这种事情绝不能再发生了。迫害、酷刑、不公正的监禁，对于一个需要民主和自由的国家来说，不能再发生了。

卢戈告诉我，他的一位兄弟曾跟他说，如果一个人心中有政治的种子，那么它早晚都会生根发芽，开花结果。然而，卢戈年轻时选择的不是政治而是宗教道路，那么他是如何走上宗教道路的呢？他自己是这么说的，"我年轻时去农村教书，当时我是班上最优秀的毕业生之一，但因为我没有加入科罗拉多党，他们把我派到了农村，几乎就是派到了山上。在那里，我开始阅读《圣经》。之前我的基督教信仰几乎是不太走心的，只注重仪式。但那时我开始阅读，我在人们身上看到了真正的贫穷的基督，在那些在寒风中赤脚前来的孩子身上，在那些吃我们准备的早餐的孩子身上，在日出而作、日落而息，却无法养家糊口的父母身上。我想，这就是重新遇见了自己：第一次离开家，来到乡村，与之前完全不同的环境，这个经历改变了我的人生。我决定要为他人工作，将我的力量、意志、智慧和心血全部致力于为他人服务。"

20世纪70年代，解放神学提出双重拷问：其一，面对压迫重重的美洲大陆，基督徒应如何坚守信仰并践行正义？其二，如何确保信仰非但不致使人丧失理性，反而成为实现精神与社会解放的源泉？费尔南多·卢戈于1977年开始担任牧师，在那之前他从未听说过解放神学。后来卢戈前往厄瓜多尔继续牧师工作，在那里他听说了这场运动。卢戈说："富裕的富人与悲惨的穷人之间的差距让我大为震惊。我遇到了莱奥尼达斯·普罗亚尼奥，他是原住民的主教，人们称他为'穿条纹披风的主教'。我们同他一起进行了长时间的谈话、闭关、会面和讨论。在那之前，我一直认为神父的任务纯粹是宗教和精神层面的。但在厄瓜多尔，我开始对神父的身份有了新的认识，信仰不能脱离现实，也不能脱离社会和文化。"

普罗亚尼奥作为一名主教,承担起了对原住民进行文化传教的任务,他对费尔南多·卢戈的成长产生了巨大影响。卢戈回忆说:"他的朴实、谦逊和他使用的词汇都给我留下了深刻印象。没有华丽的词藻,他所有的言语和手势都是为了让人们能理解他。"

快乐的小牧师

贾斯蒂诺·托雷斯神父在圣洛克-冈萨雷斯-德拉圣克鲁斯教堂工作,费尔南多·卢戈就是在这里被任命为牧师的。贾斯蒂诺对卢戈辞去牧职有自己的看法:"肯定看到了同胞们遭受着太多的苦难,他才辞去了牧职。他很热爱牧师这个身份,我们都对他寄予厚望,现在更是如此。他非常了解人民,知道该做什么,我们希望巴拉圭能随着他的到来真正发生改变。"圣佩德罗-阿波斯托尔大教堂神父马科斯·佩雷拉·弗洛伦廷说:"如果要说卢戈在圣佩德罗有什么特别之处,那就是他支持并配合让民众表达诉求的各种运动。在他身边,大家都没有烦恼,一切都是快乐的。"

改变

费尔南多·卢戈可以说是一位叛逆的牧师和教师,他也会是一位叛逆的总统吗?这个标签对他意味着什么?卢戈分析道:"要想成为叛逆的总统,就必须打破既有范式。在这一点上,我可以以拿撒勒人耶稣为参照:他打破了所有既定范式,他甚至不尊重安息日的律法,也反对奴役人的法律。"

对卢戈来说,打破既有范式也意味着不要让信任他的人失望。他讲述了一段轶事,"当我成为一名牧师时,我的邻居朋友们对我说:'我们只要求你一件事,就是你不要改变'。他们让我不要改变自己,继续坦率、开放、简单。当我被任命为主教时,那些人也是这么对我说的。现在他们又告诉我:'因为你是总统,我们不能和你说话,你不能去参加排球比赛,不能一起吃烧烤,像以前那样一起吃吃喝喝。''不要改变'对我来说意义重大,这意味着一直像童年、少年、青年和成年后一样,与民众保持直接接触,不带任何偏见。"

面对这样的期望,人可能会被未来肩负的责任吓倒,卢戈承认这种恐惧是存在的。他认为他的任务是要日复一日地开辟新的道路。他补充说:"没有任何范式,这就是对创造力的挑战,政党之间、行政部门与议会之间的关系也是一种挑战。"在卢戈就任总统的几周前,他就收到了四千多份接见请求,这表明人们对他的执政有着极大的兴趣。

当对话至此转向其政府肩负的重任时,焦点自然而然地聚焦于那些亟待处理的关键领域,而这些问题正是费尔南多·卢戈最为牵挂且矢志要付诸行动的改革重点。贫困问题、教育问题和土地改革是费尔南多·卢戈最关心的问题。他是这样阐述自己的想法的:

关于贫困问题,我们要将牧师身份和政治身份完全区别

拉美之声

开来。作为牧师，可以选择声援穷人。而作为总统，我们必须帮助穷人摆脱贫困，我们必须帮助他们走出贫困，而且他们是社会的主体。我认为我们有政治工具，我们有不同的机构和政府部门，这将是一项政治、经济和社会工程，我们的任务就是给每个人机会，做每一个巴拉圭人的总统，没有排斥，不加区别，这也会是我们不同于之前政府的另外一点。

在教育方面，巴拉圭于20世纪90年代开始实行教育改革，但这并不是巴拉圭本土的改革，而是舶来品，而且只在城市范围实施了，也就是说教育改革并非覆盖全国。虽然覆盖面后来确实扩大了，但质量却下降了。在巴拉圭，"功能性文盲"的比例很高，人们进入学校后会数数、勉强念东西、签自己的名字。但是，能念出来和读懂文章是两回事。因此，我们希望通过扫盲行动来实现认知自由，让公民的思想体系更加成熟，让公民变得更加完整、更有能力，从而为实现国家所需的转型和变革做出贡献。

就土地改革而言，我认为我们国家从未进行过深刻全面的改革。在巴拉圭，许多人没有土地，无家可归，土地改革至少要能帮助大多数土地被剥夺的人。我会促进农产品加工业的发展，巴拉圭是本地区唯一一个能源过剩的国家，我们拥有成为粮食生产大国的气候条件和土地资源。我认为，如果我们能够做好两点，也就是生产优质食物，并利用我们的能源资源发展农产品加工业，巴拉圭就能摆脱一直以来的困境。

在巴拉圭的历史长卷中，长达六十年的时间里，一个政党——科罗拉多党始终牢牢掌控着国家的执政权柄，以至于巴拉圭政坛几乎与该党形成了难以分割的同义关系。这一现象不仅固化了政治生态，更在民众心中深深地烙印了政府与科罗拉多党二者间密不可分的连结，甚至将其视为腐败现象的代名词。在这样的背景下，费尔南多·卢戈政府所肩负的一项至关重要的使命，便是重塑政府形象，恢复其作为公共服务提供者、公正监管者以及民众福祉守护者的本来角色。这项任务的紧迫性与艰巨性，不仅局限于巴拉圭一国之内，实际上，它折射出整个拉丁美洲地区普遍面临的治理挑战。卢戈总统对此有何看法？他说："政府必须为所有巴拉圭人服务，这将是我们要做的，也是我们的承诺。几十年来，要想找到工作，就必须加入科罗拉多党，这种情况该终结了。我们必须让最有能力、最诚实、最透明和效率最高的人担任公职。"

通往拉丁美洲的大门

追求拉丁美洲一体化，这一愿景不仅是众多区域内领导者们的核心共识，更是他们心目中塑造未来拉丁美洲命运的关键路径。诸多有远见卓识的领袖普遍认为，当前这个时代在拉丁美洲大陆的历史长卷中独树一帜，是一个前所未有的窗口期，其间凝聚的力量与合作精神远胜于以往任何时候。然而，不平等仍然是现在许多拉丁美洲国家共同面对的问题。费尔南多·卢戈对此有何看法？他说："我认为我们正在国家和国际层面寻求拉丁美洲一体化，可以对其他大陆发出拉丁美洲自己的声音：'我们就在这里，我们之间是平等的关系。'我们需要一个能够打破文化、地理和意识形态界限的拉丁美洲，从而实现真正的一体化。"

我跟他说目前许多拉丁美洲国家都是所谓的进步群体在执政，比起提出可行的方案，他们更擅长批评，批评起来头头是道，却找不出解决问题的办法。从这个意义上说，存在什么样的挑战？卢戈总统说："我们拉丁美洲国家领导人必须重新在政治中找回人性，这是我们的重大使命。新自由主义弱化政府的作用，甚至让政府几乎消失，这一切都成为过去了。今天我们需要政府回归，一个团结的、能够纠正错误的政府，在国家有影响力和存在感的政府。"

巴拉圭是南方共同市场的一部分。在南共市，巴拉圭与巴西和阿根廷的不对称性是显而易见的。卢戈对这种情况发表了自己的看法："好在南共市其他国家也认识到了这种不对称性。我认为，乌拉圭和巴拉圭这样的南共市小国应该有更多机会来实现更加公平的发展。南方共同市场对我们很重要，我们希望能够深化它，但南方共同市场不应局限于贸易层面，还应在社会、政治和文化层面发挥作用，促进人民之间的融合。没有文化上的变革，就谈不上真正的变革。我认为实现这一点很有希望。"

巴拉圭与阿根廷之间的关系，因其独特的历史经纬而显得尤为复杂且深刻。尤为瞩目的是1864年至1870年间发生的那场震撼南美的"三国同盟战争"，这场旷日持久的冲突不仅对巴拉圭造成了毁灭性的打击，而且在两国间烙印下了无法轻易抹去的历史痕迹。当时，巴拉圭孤身对抗由阿根廷、巴西与乌拉圭结成的强大同盟，展开了一场力量悬殊的抗争。战争的残酷烈焰席卷巴拉圭国土，最终导致其惨遭重创。在这场军事与人道主义双重悲剧中，阿根廷一方成功夺取了原属巴拉圭的部分领土，其中包括现今阿根廷行政区划中的查科省。这片土地的变更，不仅改变了两国的地理边界，更为两国关系增添了一层敏感而微妙的政治与情感色彩。然而，更为触目惊心的是，这场战争对巴拉圭人民造成的巨大生命损失。据统计，战争期间巴拉圭的人口几乎减半，这无疑是其历史上最为惨痛的一页。如此大规模的人口锐减，不仅仅是数字上的统计，它象征着无数家庭的破碎、文化遗产的损毁以及民族精神的重创。这一历史创伤深深植根于巴拉圭的集体记忆之中，成为其国民身份认同与对外交往中不可回避的历史情结。

依据2001年阿根廷官方开展的人口普查数据，有32.5万巴拉圭公民在阿根廷境内定居。然而，值得注意的是，这一统计数字很可能并未全面反映实际情况，因为尚有一部分巴拉圭移民由于种种原因未能完成正式登记手续。据估算，当时阿根廷国内的巴拉圭人总规模可能接近50万人。考虑到人口普查至今已过去多年，伴随着时间推移，巴拉圭人群体在阿根廷的数量很可能还在持续增长。因此，21世纪的现实情况表明，巴拉圭与阿根廷两国间的人口联系正以前所未有的深度与广度交织交融。巴拉圭社群在阿根廷的规模不断壮大，构成了两国关系中日益凸显的社会文化现象。这一动态演变的过程，无疑为理解与构建新时期巴阿两国关系提供了重要的人文维度与社会基础。

卢戈对于同阿根廷的关系持一种感激的态度，"我们欠阿根廷一个大人情，阿根廷是我们的第二祖国，是我们的第二个巴拉圭，是许多因政治和经济原因而前往阿根廷的巴拉圭人的第二故乡，他们去那里寻找工作、就医和上学。我们还要感谢克里斯蒂娜·费尔南德斯总统，她让30多万巴拉圭人获得了合法身份。在阿根廷，许多巴拉圭人重新开始，过上了幸福的生活。历史上的冲突已经成为过去，我们和阿根廷之间是手足关系。"

一切即将开始

现在，费尔南多·卢戈是在大选中获胜的前牧师，他将在十天后就任巴拉圭总统。那一天会是怎样的？他对2008年8月15日这一天有何期许？卢戈回答说："8月15日对我和我的家庭来说都将是一个值得庆祝的日子，因为这是具有象征意义的日子。我的父母在8月15日结婚，1977年8月15日我被任命为牧师，这一天也是圣母升天节，而这次的8月15日我将就任共和国总统。"

我提议我们想一想当上总统后首先要做什么。卢戈设想："就个人而言，我不希望我的照片出现在任何公共机构中，这是我的真心话，我反对任何个人崇拜。管理方面，第一步要做的就是正面打击腐败，鼓励正式透明的检举和处理。我对即将担任行政部门部长的同事们提了五点要求：诚实、节俭、透明、爱国和高效。"

我们还谈了许多其他问题。卢戈谈到要恢复巴拉圭原住民的尊严，要为真正的参与式民主奠定基础，为所有巴拉圭人提供平等的机会。

费尔南多·卢戈，巴拉圭总统，一切即将开始。

乌拉圭

塔瓦雷·巴斯克斯

孩子与医生

塔瓦雷·拉蒙·巴斯克斯·罗萨斯于1940年1月17日出生在乌拉圭首都蒙得维的亚拉特哈的贝尼托-里奎特社区,他在家中排行第四,共有四个兄弟姐妹。1964年,巴斯克斯与玛丽亚·奥西莉亚多拉·德尔加多结婚,育有三个亲生子女。此外,夫妇二人还慷慨地接纳了一位养子,这位养子现居委内瑞拉。学术道路上,巴斯克斯潜心钻研医学,于1969年顺利从医学系毕业,奠定了扎实的专业基础。1976年,他获得了法国政府的奖学金,远赴巴黎进入古斯塔夫·鲁西研究所深造。回到乌拉圭后,巴斯克斯的职业生涯步入崭新篇章。1986年,他荣膺乌拉圭大学医学院肿瘤系放射治疗领域的全职教授职务,开始了集教学、科研与临床实践于一体的医疗服务生涯。同年,他与志同道合的同行阿尔瓦罗·卢翁戈、米格尔·托雷斯携手,共同收购了巴尔西亚诊所75%的股权,将其转型升级为专业的肿瘤和放射治疗中心。政治舞台同样见证了巴斯克斯的才华与担当。1987年,他加入了乌拉圭社会党中央委员会,两年后,即1989年,他成功赢得蒙得维的亚市长之职。国家层面上,巴斯克斯两度执掌乌拉圭的最高权力。第一次是在2005年3月至2010年3月期间,他担任乌拉圭总统,以其稳健的政策与改革举措赢得了广泛的赞誉。此后,在2014年的总统选举中,他再次脱颖而出,于2015年3月正式开启第二个总统任期,直至2020年任期圆满结束。

家中五岁幼子罹患百日咳，他的父母按照乌拉圭人的惯例给家庭医生打了电话，这位医生之前曾为男孩的祖父母治疗过，他的身影早已融入了家族的记忆深处。他先是俯下身去，将耳朵贴近男孩胸口。紧接着，他在一旁备好的石质面盆中仔细清洗双手，那是一件专为家访出诊准备的器皿。洗净双手后，他拿起一旁洁白的、饰有精致刺绣的毛巾轻轻擦拭，这方毛巾同样是出诊时的专属配备。在完成了初步诊断步骤后，那位智慧的医师向忧心忡忡的父母提出了建议：带孩子到桉树旁呼吸新鲜空气。时光荏苒，六十余载光阴匆匆流逝，当年那位患病的男孩如今已是长者。即便岁月已模糊了许多童年细节，但他对那次医生的来访记忆犹新。他深情回忆道，当那位威严而亲切的医师踏进家门的那一刻，仿佛带来了一股神奇的力量，让他瞬间感到病症已然消散，心灵得到了莫大的慰藉。他甚至还能清晰地忆起医生身上那淡淡的、令人安心的香水气息，那是属于那个特殊日子的独特记忆，长久以来一直萦绕在他心头。

这个孩子就是塔瓦雷·巴斯克斯，这个记忆在他心里打上了深深的烙印，让他一直立志成为一名医生。故事还有后续，"时间一天天过去，在我大约12岁时，我经常待在一家街角酒吧里，蒙得维的亚各个街区都有那样的酒吧。一天早上，我们得知酒吧里一个人去世了。他得了一种传染性很强的肺结核，几天后我也开始咳嗽，我父母吓坏了，又给同一个医生打了电话。他来了，给我做了检查，说我只不过是一时的呼吸道疾病。我又闻到了那位光头医生身上的香味，我太崇拜了，当时就下定决心这辈子要当医生。"

因此，这位在过去五年中执政乌拉圭的男士从未想过自己能成为国家总统。塔瓦雷说得很清楚："无论是童年、少年还是成年后，我都没有想过，因为我真正向往的是做医生，无论是过去还是现在。我的所学都是为了成为一名医生，我学习如何与癌症这样的病魔作斗争。我献身医学事业，大学学了医学，后来在国家医学院担任肿瘤学教授，从未想过从政。我也不知道怎么回事，就这么自然而然地发生了，我们来到了这里。"是的，他来到了这里。

20世纪40年代，当巴斯克斯患上百日咳时，乌拉圭的医疗卫生体系双轨并行。一方面，一部分公民选择了加入医疗协会，通过定期缴纳互助性质的会费，为自己及家人换取相对完善的医疗保障。这种方式下，会员得以享有包括专属家庭医生在内的系列医疗服务，确保日常健康需求得到及时响应。这些家庭医生往往居住在患者邻近社区，为患者提供近距离、个体化的医疗照护。就诊过程中，他们收取的费用极其低廉，极大地减轻了患者的经济负担。而在蒙得维的亚市拉特哈区的贝尼托－里奎特工人阶级社区，这种亲民且实惠的家庭医生制度更是非常普遍。小塔瓦雷·巴斯克斯便是在这样一种医疗环境下成长起来的。他满怀深情地回忆道："我出生在一个无产阶级社区，家里非常简陋，就是我们这里所说的铁皮屋。房子的墙壁是用铁皮做的，上面铺着大石头来抵御潘帕斯吹过来的强劲的西南风和南风，以及海上吹来的东南风。房子位于蒙得维的亚南部一个非常荒凉的地方。"

巴斯克斯的童年是在贫困的环境中度过的，据他自己说，当时的环境与现在大不相同。他说："现在有些地方的贫困是一种边缘化的贫困。当时，如果一个有钱人开车经过那些街区，看到我们在街上玩球，或者拿着一个破球，穿着打补丁的短裤和麻鞋，他不能断定这些孩子将来无法成为银行经理、大学教师、市长或者共和国总统，我们那时是有这样的机会的。不幸的是，今天，如果你走到这些被边缘化的街区，那里的孩子很难像我们当年一样获得大学学位或者公职。"

尽管身处物资匮乏的时代，塔瓦雷·巴斯克斯的童年回忆却被快乐与活力充盈。他在普罗格雷索体育俱乐部的青训营中度过了漫长的足球岁月，以灵动矫健的身影诠释了守门员的角色。随着时间的流转，他不仅晋升为队伍的队长，更在后来的日子里荣膺大学体育联盟的主席，以实际行动续写着与绿茵场不解的缘分。少年时期的塔瓦雷还曾在临近的萨雷斯教会学校球场上留下矫健的步伐。那里，他与弟弟一同挥洒汗水，享受着运动带来的乐趣。特别值得一提的是，学校的校长特斯塔牧师，这位慈爱的引路人，总是亲力亲为，亲自来到塔瓦雷的家中接兄弟俩，一路陪伴他们奔赴球场，确保他们在无忧无虑的氛围中尽享足球之乐。之所以需要如此特别的关照，是因为塔瓦雷的父亲埃克托尔身为工会领袖，因时局所限，不得不保持低调，避免公开露面。家庭成员的每一次外出都可能牵涉到潜在的风险，尤其是对于尚未成年的孩子来说，一旦意外被带至警局，唯有父亲出面他们才能回来。因此，有牧师的妥善护佑，塔瓦雷兄弟便能在球场上毫无顾虑地纵情奔跑，直至夕阳西下，牧师再亲自将他们安全送返家中。这段经历，不仅塑造了塔瓦雷坚毅的性格与团队精神，更成为他心中永不褪色的温馨记忆，镌刻着童年在特殊背景下依然绽放的欢乐与自由。

塔瓦雷回忆说："我父亲有时会在清晨来看望我们，他会从后院进来，因为总有个警察守在街角等着抓他。有一天清晨，坏事真的发生了。警察看到了他，把他抓了起来。那年我12岁，那件事对我触动很大。"

但是，塔瓦雷不仅是在手套和足球的陪伴下长大的，他很小就开始工作，在公共汽车上卖过报纸，在建筑工地打过零工，还在木匠铺打过工。19岁时他进入了一家批发公司，在那里工作了很多年，甚至有一段时间为了干满工作时间不得不休学。医学专业毕业后他还继续在那家公司工作，以应付日常开支。

塔瓦雷·巴斯克斯曾就读于拉特哈的公立学校，后来进入邻近的塞罗学校，再后来进入同样是公立的共和国大学。这位刚刚卸任的乌拉圭总统为自己的出身感到骄傲，同时也心怀感激："我不仅要感谢我的父母，因为他们付出了巨大的努力，让我和我的四个兄弟姐妹有机会读书。我还要感谢所有身份卑微的工人，是他们缴纳了税款，让我们有机会免费读书。在从医学专业毕业后，我一直热衷于社会服务，这也是另一种回报乌拉圭社会的方式。"

兄弟

在军事独裁期间，塔瓦雷的兄弟豪尔赫·巴斯克斯被关押了13年。豪尔赫本人回忆说："我当时正在学习护理，由于经济状况不佳，我的学业落后了五年，所以只学习了中级课程。后来在独裁统治期间被捕，我的学业彻底中断了。"

那段时期，大到国家，小到一个个家庭，全部都很艰难。塔瓦雷回忆说："如果你和政治犯住在同一个街区，你会很麻烦。那么可想而知，如果家里有人是政治犯会怎样。我经常去自由监狱探望豪尔赫，这听起来像是个悖论，但监狱就叫这个名字。我们和哥哥的关系一直非常亲密，大家不仅是兄弟，也是朋友，以至于在我的政府里，他还担任了总统府的副国秘和国家药品委员会的主席。"

一个简单的人

在采访塔瓦雷·巴斯克斯当天，我们有机会乘车跟随他的随行人员，以便与他一起到达政府大楼并记录谈话内容。一些制作人员乘坐出租车跟在后面，原本担心靠近总统座驾会给安保人员添麻烦，但结果完全没有任何问题。官方车队只有三辆汽车，也没有其他国家常见的警用摩托车跟队，总统的座驾甚至在红灯时也会停下来。当我们抵达政府大楼时，塔瓦雷和其他公民一样走在人行道上，几乎没有任何安保，甚至可以听到行人在喊："塔瓦雷，你在干嘛呢？"此外，乌拉圭总统还允许我们带着摄像机进入内阁会议，这让我们非常惊讶，因为在任何其他国家都不太可能进入并拍摄这样的会议。在那次会议上，巴斯克斯和部长们正在讨论如何与大选获胜者何塞·穆希卡政府进行交接。几个小时后，塔瓦雷告诉我："在乌拉圭，长期以来的观念是，在政府执政的第一年，你必须先准备、适应和安顿下来，所以你无法干事。而在政府的最后一年，因为要进行选举，你也无法干事。因此，在五年任期中就还剩下三年。我不赞成这种观念，我认为第一年要努力，最后一年也要努力，五年都得干。"

豪尔赫在狱中的经历也给家人留下了一些有趣的轶事。塔瓦雷回忆说："有一天，我去探监，负责查验身份证的士官似乎不太喜欢我。他们叫我进去时，我给他看了身份证，他说：'你不能进去。'我问他为什么不让我进去，我有什么问题，他回答说：'因为你的头发太长了，遮住了衬衫领子。'我身后有个女孩说：'我钱包里有把剪刀，你想让我帮你剪一下头发吗？'我说可以。她帮我剪了头发，士官就让我进去了。最近竞选我去了内地地区，在一次活动中，一位女士走过来对我说：'你还记得我吗？就是我给了你一把剪刀，你剪了头发进去见你哥哥。'是的，这是真事。"

豪尔赫出狱后，塔瓦雷去找他，同行的还有豪尔赫的儿子。豪尔赫回忆说："与他们重逢的那一刻非常美好，因为我已经太久没有见到他们了。那是一段非常艰难的重新适应期，给我造成了很大的心灵创伤。"

多年来，豪尔赫·巴斯克斯谈起他的兄弟都充满了敬佩之情。他说："在竞选期间，让我和其他人印象最深的就是人们对塔瓦雷的信任。他鼓舞了人们，所以大家都在那里支持他。塔瓦雷总是对人们说，'加油，我们能做到'。这是我最欣赏塔瓦雷的一点。"

从政的医生

倘若我们确信塔瓦雷·巴斯克斯始终怀揣着成为一名医生的理想，并且这一愿望在其人生轨迹中得以忠实履行，甚至在他肩负起乌拉圭总统重任的岁月里亦未曾动摇对医学事业的执着，那么，探究这位医者如何转身成为一位政治领袖，便成为了一个无法绕开的话题。他对我们说了这番话：

> 我是社会党党员，但我只是进行社会服务。例如，在拉特哈的普罗格雷索体育俱乐部，我们创建了一个儿童餐厅和一家老年人娱乐中心。我们还建立了一家名为"小树"的俱乐部，大家一起设了几个施食处。我们给罢工的工人提供帮助，为他们搭建营地，收集食物。我们还有一家综合诊所，为大家提供医疗援助。也就是说，我的目的是做一些社会服务。1986年，民主回归一年后，《国家惩罚性索赔失效法》获得通过，我们称之为"有罪不罚法"，这是对独裁政权罪行的赦免。我们在委员会里召集了政治和社会活动者，一起收集废除该法的签名。社会党建议我加入他们的委员会，我就同意了，一起收集签名，那是我第一次接触政治。1989年选举临近的某一天，广泛阵线想让建筑师马里亚诺·阿拉纳当蒙得维的亚市市长候选人，阿拉纳没有答应，他认识我，就向党提议让我当候选人。当时，距离选举还有三个月，我心想："好吧，如果我答应参选，我就为阵线解决了问题，反正我也赢不了。"因为在这么短的时间，想赢得蒙得维的

亚市长选举实际上是不可能的。我说:"我答应广泛阵线,败选之后我就结束政治生涯,回去从医。"但我的估计错了,我们赢了选举。

塔瓦雷回忆说,最一开始就是喜悦和庆祝,但随之而来的是害怕。面对着沉甸甸的责任,他很担心,因为要开始实施广泛阵线为蒙得维的亚制定的发展计划。对于一个不懂政治的医生来说,胜利是喜忧参半的。不仅如此,他还从未进入过蒙得维的亚市政厅大楼。在一次竞选活动上,塔瓦雷说:"当我1990年3月1日就任蒙得维的亚市市长时……",他的顾问对他大喊:"说什么呢,是2月15日,不是3月1日!"巴斯克斯告诉我:"我甚至不知道我们什么时候就职。"

这位乌拉圭政坛新成员当时还有一件值得一提的事情。广泛阵线的纲领包括通过权力下放和民众参与来治理国家,许多知识分子和理论家都对政治权力下放和公民参与进行过研究,社会上对此也有很大的需求。当时塔瓦雷作为蒙得维的亚市长候选人研究了这些问题,并在演讲中谈到了。上任后,他和他的手下决心满足选民的要求。塔瓦雷回忆道:"我们当时说:'好,现在我们要下放权力,我们要让人民参与,因为我们已经做了充分的理论研究,做得非常好,考虑得非常周全。'但是,我们和我任命的市政府各部门负责人面面相觑,就在想一系列问题,'权力怎么下放?在哪里下放?什么时候下放?为什么要下放?有什么用?如何在实践中落实?'于是,我们开始在蒙得维的亚的各个社区走访,告诉大家我们要搞权力下放了,人们就问,'权力怎么下放?在哪里下放?什么时候下放?为什么要下放?有什么用?'尽管我们做了那么多研究,但还是没有答案,所以我们在整个蒙得维的亚就政治权力下放问题展开了公开大讨论,不同于行政或地理上的权力下放,政治权力下放就意味着与人民分享治理权力。"

这些会议和在全市举办的论坛取得了成果,巴斯克斯以法令形式向蒙得维的亚省立法会提交了一个方案。他自己也承认,这是一个错误。"我没有让议会成员参与方案讨论,只是根据我从人民那里收集到的信息制定了方案。所以我撤回了草案并成立了一个委员会,让省立法会中的所有政党都派代表参加。我要求他们起草一份权力下放计划,他们照做了,一年后,该计划获得了全票通过。时至今日,权力下放和公民参与这两项仍在发挥作用,当然也一直在优化过程中,不过它们仍然在发挥作用。"

进步主义上台

20世纪90年代,有一种偏见认为,左翼有很好的想法但执政效率不高。对于一个左翼色彩浓厚的进步的广泛阵线来说,如何消除这种偏见是摆在他们面前的难题。塔瓦雷·巴斯克斯分析道:"要消除偏见,就要谦虚谨慎,努力工作,与群众合作,不能害怕群众。有些同事经常对我说:'我们如果到社区里去,他们会问我们要这要那,我们会遇到很多麻烦的。'我很坚定,因为我相信群众的想法和智慧。我们走出去与群众交谈,群众对我们提出了什么要求?他们要我们铺一条路,以便救护车能够在夜间进入。要我们帮助他们修建一个社区中心,这样就能有地方为附近的居民庆祝15岁生日或者举行婚礼。他们没有要求我们建造城堡、宫殿或其他任何东西。"

塔瓦雷还说,领导者必须赢得社会的信任,但同时也要务实。"你不能永远在思考中,你必须做出决定。当你做出决定时,你可能是对的,也可能是错的,"塔瓦雷说,"但当你倾听人民的声音时,你犯错的可能就会降低。"

他们中的一员

> 乌拉圭泥瓦匠工会主席何塞·莫尔加德这样评价塔瓦雷:"他是我们的榜样。他是少数既有专业知识又艰苦劳动的人,塔瓦雷·巴斯克斯是一个朴实谦逊的人,都是靠自己的努力,没有人推他向前,他做出了许多牺牲,可以说是获得了双倍的成就。"拉特哈社区"小树"俱乐部的苏珊娜·席尔瓦向我们讲述了塔瓦雷毕业成为医生的那一天:"塔瓦雷完成学业后,一辆小卡车从俱乐部开到大学等他,然后把他接到我们俱乐部。从那时起,俱乐部里就有了一家小诊所。后来,靠着塔瓦雷·巴斯克斯医生,'小树'社会体育俱乐部综合诊所开始营业。"

在乌拉圭170年的历史中,塔瓦雷·巴斯克斯是首位来自非传统党派的总统,因此社会对他抱有很大期待。塔瓦雷是如何应对这一点的?他说:"我认为在这种情况下,最重要的是要有一种谦虚的态度。要知道，我们要学习的东西很多，因为我们从未在省政府工作过，当然更没有在国家政府工作过。作为在野党竞选时制定方案和设计项目是一回事，真正进入政府后又是另一回事。你必须非常务实，心里可以有乌托邦，但必须头脑清醒，脚踏实地。"

话题转到了塔瓦雷·巴斯克斯如何看待乌拉圭广泛阵线的执政理念，以及这一理念与拉丁美洲存在的问题之间的关系。我们还谈了执政理念应该服务于人民，要看哪种生活方式更符合乌拉圭人民的需求。塔瓦雷说：

> 拉丁美洲是一个多民族、多文化并存的地区，各国有着不同的政治进程和历史经历。每个国家都有自己的特点，因此不存在一个在拉丁美洲国家可以推而广之的模式。例如，我尊重古巴革命，也承认它取得的成就，但古巴革命的模式不适用于乌拉圭，切·格瓦拉在乌拉圭共和国大学发表演讲时也是这么说的，乌拉圭人的生活模式与古巴人不一样。也不能把我们在乌拉圭这个左翼政府中推行的模式——如果可以称之为模式的话——应用到阿根廷或巴西，首先因为我们是一个非常小的国家，其次我们不能天真随意地将一种模式从一个国家推广到另一个国家。诚然，我们有一些共同的基础，比如总体上拉丁美洲各国政府都有进步思想，就是为最贫困者而战的思想。广泛阵线是共产党和社会党等传统左翼政党、工人工会运动、社会运动以及从传统政党中分裂出来的政治团体联合起来形成的阵线。因此，我们要将乌拉圭

的所有这些社会和政治力量合并成一条阵线,形成自己的特点、规定和章程,还要有自己的政治纲领和政治计划。它不是左翼,因为一些来自传统政党的成员有进步思想,但他们不赞同建立一个纯粹的社会主义国家。因此,人民阵线极具智慧地将所有这些力量整合在一起,来适应乌拉圭这个非常特殊的社会。我并不是说乌拉圭社会比本地区其他兄弟国家的社会更好或更差,而是说乌拉圭社会非常特殊。我们在人口结构上是一个老龄化国家,年龄金字塔是倒置的,金字塔最底层不是年轻群体而是老年人。乌拉圭是一个保守谨慎的国家,你必须适应这些特点,乌拉圭人不喜欢冒险,也不喜欢过于右倾或过于左倾。乌拉圭有一股庞大的中间派的政治力量,我可以说是中左翼,同时也有一些进步的右翼力量参与其中,这意味着乌拉圭模式可以适用于本国,我认为这些就是乌拉圭左翼的政府计划和政治方案的特点:中左翼运动。

拉丁美洲各国非常看重政府的作用,我向塔瓦雷·巴斯克斯询问了他对这一问题的看法,他明确表达了对于构建理想治理结构的双重愿景:既要锻造一个更为高效、公正且服务于民的政府,又要培育一个活力充沛、公平竞争且有利于创新的市场体系。那么问题是如何能同时做到这两点呢。塔瓦雷回答说:"我们既不能要求市场做它职能范围之外的事情,也不能要求政府履行本应由市场履行的职能。例如,我们正在制定的'卡尔塔雷斯计划。'旨在为所有乌拉圭家庭提供三网合一(互联网、有线电视和电话)服务。我们不能要求私营公司为所有家庭提供这项服务并履行社会职能。如果我们把这个项目交给私营部门，他们就会生产产品，然后有购买能力的人才能购买，最贫困的家庭将无法得到这些产品。另一方面，如果我们让国有电信公司来实施这个项目，它也不行，因为它没有资金或人力来独立完成这项工作。那么我们是怎么做的呢？我们通过公共部门和私营部门合作，私营部门发挥市场的功能提供服务，政府负责让这些服务惠及最贫穷的人，而国有电信公司负责监管这些服务的正常运行。"

巴斯克斯进一步阐明，乌拉圭的政府部门不应被期待去扮演生产者的角色，直接介入诸如扶手椅、衬衫或领带等商品的生产过程。政府的核心职能与优势并不在于微观层面的实物产出，而在于宏观层面的战略规划与公共治理。他强调，政府应当聚焦于那些唯有公权力方可有效施为、且对社会福祉至关重要的领域，包括针对社会紧急状况制定应对策略，对环境质量的调控，努力实现社会公平正义等。

在担任蒙得维的亚市长的任期内，塔瓦雷·巴斯克斯展现出了对广泛阵线执政纲领的坚定承诺与高效执行力。他的办公桌上，醒目地摆放着一张清单，详尽记录着该政治联盟为这座城市设定的各项发展目标。每当一项任务得以圆满达成，他便会亲手在清单上划去对应的条目。这种严谨的工作习惯与明确的目标导向，无疑成为驱动他持续推动政策落地、兑现竞选承诺的强大动力。当塔瓦雷·巴斯克斯荣升为乌拉圭总统后，他延续了这一严谨的行政作风，将同样的清单置于总统府的案头，一如既往地将广泛阵线的国家治理愿景细化为具体目标，逐一落实、逐一勾销。这种高度的自我鞭策与责任感，不仅体现了他对国家使命的忠诚与专注，更彰显了他作为政治领袖对于公共承诺严肃对待、说到做到的崇高风范。他说："我们在五年内将贫困率从32%降至20%以下。如果我们继续实施这些计划，再过五年，贫困率肯定会下降到10%以下。我们将把极端贫困人口减少一半：从4%降至2%以下。我相信，在下一届政府任期内，通过这项政治计划，乌拉圭将不再有极端贫困。我们促进了社会公平，工资标准提高超30%，养老金增加了，失业率下降了。我们之前说过要进行税制改革，让有钱人多交税，穷人少交税，我们也做到了。我们还对卫生系统进行了改革，如今乌拉圭有了一个综合性的国家卫生体系。"

塔瓦雷·巴斯克斯在回顾其任期内所取得的各项成就时，展现出坦诚而务实的态度。他深知，尽管付出了不懈的努力并取得了一系列显著成果，但彻底解决一个国家所面临的复杂问题并非短期内所能完成的使命。他深谙治国理政的长期性与艰巨性，明白任何深层次的社会变革都需要持之以恒的耕耘与时间的沉淀。在谈及有待改进的关键领域时，巴斯克斯特别提到了安全、教育与财富分配这三个关乎国家稳定、未来发展与社会公正的核心议题。

与医学的不解之缘

显然，当医生是塔瓦雷·巴斯克斯刻在骨子里的事业。在他担任总统期间，这个话题曾引起争议，因为他在任期内并没有停止看诊工作。但这一决定的后果是什么呢？塔瓦雷解释说："我受到了很多批评。有人对我说：'总统必须全职工作。'我认为自己是在全职当总统的。他们在凌晨两点、下午三五点或者晚上十点给我打电话，无论是部长还是其他什么人，我都会处理。放眼世界，有一些总统有自己的爱好，在总统任期内也没有放弃。就在乌拉圭，有些总统喜欢打网球，他们每周会去打两三次网球。还有一些总统喜欢赛马，周六日会去赛马场比赛。还有一些总统喜欢画画或写作。那么，我的爱好是做医生，我一直在做医生，而且会继续做下去。"

对于这位已经当上乌拉圭总统的医生来说，当医生意味着什么？他说："当了40年医生后，我觉得做医生是会上瘾的。你知道有时会感到受伤，但你有这个嗜好，割舍不掉。有时医生会感到非常受伤，而且随着岁月的流逝，你变得越来越敏感，在有些时候就会更受伤。特别是在我们的专业领域，当我们的双手被束缚住，没有办法治愈病人，除了安慰他，陪伴他，给他希望，别无他法，这个时候我们就会非常难过。但行医也是令人兴奋的，特别是对有志于此的人来说，这种体验是无价的。我可以不做政治家，但不能不做医生。"

塔瓦雷·巴斯克斯巧妙地运用了医学实践的比喻，揭示了政治活动与医疗工作在建立信任关系上的共通性。他指出，民众对于政府的信任，就如同他们在面对疾病时对医生的信任一样重要。在这一类比中，政府的角色被比拟为医生，而民众则如同寻求治疗的病人，两者间的互动关系同样建立在专业知识、可靠承诺与有效沟通的基础之上。塔瓦雷强调，政府首先需要依靠其深厚的政策知识、稳健的施政能力和对国家发展的深刻理解，来赢得民众对其治理能力的信任。如同医生凭借扎实的医学理论、丰富的临床经验和对疾病机理的精准把握,让病人相信其能够准确诊断病情并制定出有效的治疗方案。这种专业知识的展现,是政府树立权威、引导社会进步的基石。同时塔瓦雷指出,政府与民众之间的信任关系并非仅依赖于前者的技术性权威,更离不开良好的互动与沟通能力。正如医生不仅需要凭借医术,更需借助同理心、耐心倾听与清晰解释,来安抚病人的焦虑情绪,解答其疑虑,使病人在治疗过程中感到被尊重、被理解,从而增强对治疗方案的接受度与配合度。同样,政府也需要具备敏锐的民意感知力,善于倾听民众的声音,用易于理解的语言解释政策意图与实施步骤,积极回应民众关切,以建立亲密的政民联系,增强民众对政府决策的理解与支持。塔瓦雷补充说:"病人必须知道,医生不仅知识渊博,而且也是人,他没有欺骗病人,即使有时他会说善意的谎言。很多时候,病人会说:'医生,请你告诉我得了什么病。'他知道自己得了癌症,但他在等着我告诉他可以治愈,即使实际上无法治愈,因为他需要得到希望。群众必须有信心和希望,相信自己会有更好的命运和未来。这就是为什么我们必须获得信任,从而重新燃起病人和群众的希望。"

塔瓦雷·巴斯克斯在担任国家领导人期间仍坚守医者初心,持续行医济世,他的政治生涯告一段落,恰恰预示着他将拥有更为充裕的时间回归医疗岗位,专心致志地服务于病患。正如他本人所言,尽管告别了公务的繁重与压力,他对那种高强度工作状态下的专注与投入,与身边并肩作战的同事们形成的深厚情谊,以及为提升乌拉圭民众生活质量而共同面对与战胜的种种困难与挑战,都将深深萦绕在他的记忆之中,成为他无比珍视与怀念的宝贵经历。

此外，塔瓦雷还想出版两本书，"一本是科普读物，让人们了解如何抵御一些残酷的疾病，这些疾病是现代世界的恶魔，比如癌症。另一本是科学著作，针对转移瘤撰写一本文献综述，转移瘤是从原发肿瘤转移到机体其他部位的肿瘤，导致病人死亡的往往都是转移瘤。所以您看，从2010年3月1日开始我会非常忙碌。"

委内瑞拉

乌戈·查韦斯
在老射击场讲述的故事

乌戈·拉斐尔·查韦斯·弗里亚斯于1954年7月28日出生在委内瑞拉巴里纳斯州的萨巴内塔小镇。他经历了两段婚姻,膝下有五个子女。在学术与职业生涯方面,查韦斯于1975年完成了在委内瑞拉军事学院的深造,顺利取得了军事科学与艺术学位,专业方向是陆地通信。1977年,担任安索阿特吉州圣马特奥战术行动中心通信官。1982年创建了"玻利瓦尔革命军-200";1991年,将其更名为"玻利瓦尔革命运动-200";1997年,将该运动注册为政党。1998年,在总统选举中获胜,并于1999年2月就职。同年,主导的宪法改革投票通过。改革后,委内瑞拉于2000年迈入新的选举周期,查韦斯总统凭借其坚定的改革意志、深入人心的社会主义理想及切实的改善民生行动,赢得了广泛的民意支持,在当年的激烈角逐中成功胜出。8月,他庄重宣誓就职。2007年,查韦斯在新一轮总统选举中实现连任,任期至2013年结束。

与乌戈·查韦斯的会面本应在委内瑞拉政府所在地观花宫举行，但总统决定改在马拉凯市的老射击场。这片场地很大，四面环山，景色宜人。所以准备好之后，第一个问题就是为什么选在这个地方，而不是观花宫？查韦斯说："观花宫对我来说就像一座监狱，四面都是墙壁。当然，那是一个铸造人的监狱，斗争氛围浓厚。但在这里，我感到很自由。更重要的是，我的根在这里。马拉凯的字面意思是'所有道路交汇的路口'。塔卡里瓜湖就在这里，这座城市对我来说意义很不一般。"

这个地方对委内瑞拉总统有什么重要意义？对他来说意味着什么？查韦斯是这样说的："1977年12月我来到这里，本来几个月前我正要和一小队士兵前往委内瑞拉东部山区追剿游击队。但当时我就已经明白，那些60年代就拿起武器的人，他们是对的。他们是为国家解放而战的，比起我们这些迫害他们的人，他们无疑是正义的。后来，机缘巧合我来到了这里，我也就没有机会加入游击队了。如果我在东部多待几个月，我肯定会加入游击队，可能已经死了，我的人生会朝着另一个方向发展。那时我来到了这里，在这里结了婚，生下了大女儿，我也和她一起重生了。在这里，我从少尉晋升到了中尉，也明确了要把从军作为自己毕生的事业。一天下午，在这个射击场，我把一些非常专业、思想进步的战友聚在一起，其中包括佩德罗·阿拉斯特雷·洛佩斯，他是老游击队员的儿子，现在也在我们的革命队伍中。还有卡洛斯·迪亚斯·雷耶斯，老共产党员的儿子。我们开始交流，读马克思的《共产党宣言》，读列宁的《怎么办》，读玻利瓦尔的作品。就这样，我们组成了第一个小组，几年后发展成了玻利瓦尔运动。所以玻利瓦尔运动诞生在军营里，就在这个军营里，在射击场，在部队中，在士兵中。这表面上似乎是矛盾的，但根本上并不矛盾，因为我们是革命战士。这么说吧，我是革命军人出身。可能在阿根廷，看到我穿着这身军装，戴着贝雷帽，有些人会感到不舒服，特别是在南锥体地区，这是可以理解的。但我是革命军人的后代，我们的父辈是哪些军人？是圣马丁、玻利瓦尔、苏克雷，我们是他们的孩子，是他们的后代。"

说话间，马拉凯的夜幕降临了。我们需要一台发电机才能继续采访，因为那个地方没有电。在恢复供电之前，查韦斯给我们讲了一个诡异惊险的故事，"据说，当外国佬的走狗、独裁者胡安·比森特·戈麦斯死后，他们在这座山上埋了一个宝藏。这里住着一位老人，我们都叫他'爷爷'，他跟我们说他亲眼看到他们是如何埋宝藏的。有一次，第三营营长阿尔卡拉少校在一场暴雨后发现了一枚大金币，是金盎司，于是营里掀起了一股淘金热。我承认，连我也参与了寻找金币的行动。普雷苏托·劳雷蒂中尉借来了一个金属探测器，我们拿着探测器四处寻找，没有找到戈麦斯的金子，只找到了一堆蛇。在这个古老的军营里有许多传说，如果你在黑暗中听到了什么，也不必感到惊讶。"

灯亮了。温暖的环境让我们穿越时空，回到委内瑞拉玻利瓦尔共和国总统的童年时期。他的童年是怎样的？有什么事情给他留下了深刻印象？乌戈·查韦斯说："我的童年很快乐。如果人可以重生并选择出生在哪里，我会说：'上帝啊，我还要生在那里'，那个令人难忘的棕榈树下的小房子里，还是那个土炕、泥墙、一张木床以及一张用稻草和泡沫橡胶做的床垫，还是那个种满果树的大院子，有爱的奶奶，有爱的父母,一群兄弟姐妹,还在那个河边的小村庄。"

查韦斯在回忆中提到自己的家庭是农民阶级,并由此提出了如何正确定义社会阶层的理论,"我不喜欢谈论下层阶级、中层阶级和上层阶级,因为我认为,革命者必须包容一切,甚至包括小资产阶级。因此我认为我们必须走向团结,走向玻利瓦尔所说的'单一的阶级'。现在,我更喜欢用低收入阶层这种说法,而不是下层阶级或上层阶级,因为这在我看来是贬义的。即使有人跟我说下层阶级是最贫穷的,我也会说如果比梦想、爱和希望,他们才是上层阶级。在所谓富人的上层阶级中,充斥的是自私怨恨,没有人情味"。

他回忆了家族的情况:"我们家祖祖辈辈都是农民,也有许多原住民血统。我见过我奶奶的奶奶,她常说自己是'来自大草原的印第安人'。我父亲的祖父是个黑人,黑到被称为'非洲人'。所以我的祖上是黑人和印第安人,夹杂一点白人的血统。如果你见到我母亲,会看出她是白人,因为我的外祖父是白人。奶奶经常跟我们讲世纪初的日食,人们说世界要毁灭了。她还讲到有一颗彗星,不知道是哪一年的哪颗彗星,尾巴差点撞上地球,如果撞上了世界就会毁灭,一切都会化为灰烬。这些都是奶奶经常讲的传说。"

小时候,乌戈的绰号是"高飞",因为他的脚很长,就像迪斯尼的卡通人物高飞一样。他还被称为"蜘蛛人",因为他会叫卖一种叫"小蜘蛛"的木瓜做的小糖果。查韦斯说:"这些糖果是我奶奶做的,我也参与了整个过程,从在灌木丛中找木瓜,到晚上把木瓜带回家,削皮,切细,早上我就会带着装满'小蜘蛛'的袋子去上学,把它们卖掉,我们就有了一些收入。我还卖过水果、橘子和木薯。我们经常骑着父亲的旧自行车去安东尼奥·格瓦拉的大香蕉园采木薯，他是我外曾祖母那边的亲戚，他的香蕉园就在河边。人们去那儿找芭蕉，有时甚至跑到其他村子去卖。我会去男人们踢球的地方卖糖果，然后大喊：'卖糖果啦！'有一次我喊：'卖糖果，卖糖果，卖给没牙的老太婆'，但我想我编的这些叫卖歌可能有人不爱听。"

当时，乌戈·查韦斯总是参加成年人的聊天，听说村里住着一个杀人犯。故事是这样的："我听到人们在谈论一个杀人犯，有一次我的教父对我说：'听着，小乌戈，他们口中的那个杀人犯是你的祖父。他其实不是杀人犯，你去弄清楚是什么回事，因为甚至你们家里也有人说他是杀人犯。'实际上我们家里没人谈这件事。关起门来，大家不谈论那个人，我就是在这种困惑中长大的，那我又是在哪里弄清楚这个事情的呢？是在这里，在这个军营里，我意识到，那个被一些人称为杀人犯的祖父是革命者，是本世纪初的革命游击战士，这片土地上最后一批马背上的侠士。那是潘乔·比利亚、埃米利亚诺·萨帕塔、奥古斯托·塞萨尔·桑地诺、法拉本多·马蒂的年代，在委内瑞拉，我们也有自己的马背上的平民英雄，他们与美国在拉丁美洲的暴政抗争，我祖父就是其中的一员。他们称他"迈桑塔"，意思是最后一个马背上的人。我做了一些调查，这是他的披肩，已经有一百多年的历史了。在战争中我的祖父就披着这个披肩，最后披着它死去。我在这里当中尉时认识了我祖父的一个女儿，她还活着，今年95岁，就住在这附近的库拉镇。我那时一直在调查祖父的生平，甚至被囚禁在哥伦比亚时也没停过，最后我找到了答案，我的祖父是一名革命者，他从远处指引着我，让我更具革命热情，成为革命斗士。"

查韦斯的回答很长，也很深刻，有很多信息，也蕴含着思考，很难打断他。他沉浸在冗长的叙述中，很难转换话题，所以我们继续回到他家里的故事："小时候的事情，我记得最清楚的是我的奶奶。从我记事起，每天起床时，奶奶就在身边。奶奶哄我们睡觉，做一日三餐，她就像年迈的妈妈一样。在我心里对奶奶的记忆要比对其他人更加强烈和深刻，永远不会忘记。我并不是要贬低我的母亲，我爱我的母亲，她是一个非常勇敢的女性。同样，我的父亲，他也教会了我许多，是伟大的榜样。直到几个月前，我父亲还在巴里纳斯担任州长，也就是他的家乡。现在他退休了，我最近见他时他说：'我受不了这样的退休生活，我要到村里去讲话。'因为他是一名教师，村里人叫他'乌戈老师'，不仅是课堂里的老师。"

查韦斯父母的故事引起了我的注意，因为他们都是教师。我忍不住问他，父母都是教师对他有什么影响。查韦斯分析说："这需要仔细想一想，但我认为毫无疑问肯定会有影响。在我的童年记忆中，有一幕是我从窗外看到父亲在一间简陋的教室里上课，教室里只有几张课桌和几个学生，那时我还没上学，就在教室外面看着。我喜欢用剩下的粉笔在黑板上划来划去，还喜欢找一张课桌坐下。我还记得我父亲订阅了一本叫《三色》的杂志，也就是国旗的三种颜色。小时候我就是通过这本杂志学会阅读的，在里面看到了我们的传统、民俗、文化、诗歌、民谣和儿童画，还了解了我们的国家、国家的财富和民族的历史。我开始爱上了历史，爱上了杂志里关于历史的那几页，总是配有精心绘制的图片。然后，我开始阅读弗朗西斯科·德·米兰达和西蒙·玻利瓦尔的故事。最近我们刚刚把这本杂志收回，之前它被私有化了，我们正在准备重新出版。毫无疑问，我父亲是教师这件事情对我产生了影响，我一直很喜欢教育，喜欢学习知识，活到老学到老。"

梦想的道路

乌戈·查韦斯的童年有两大爱好：艺术和体育，更确切地说是绘画和棒球。小乌戈梦想成为一名画家和大联盟球员。他向我们介绍了自己的画家梦：

> 有几次我回想过自己心中萌生的一连串梦想。在《三色》杂志上有一个叫做"儿童画"的版面。孩子们把画寄过去，然后刊登出来。我画了无数幅画寄过去，也许根本没有寄到，因为杂志社在加拉加斯，60年代初时，对我来说加拉加斯就是另一个世界。可以说那时我喜欢上了绘画。我父亲经常去加拉加斯出差，有一次他带了一本百科全书回家，是吉列特百科全书，法语的，特别好。那四本书对我来说就像是整个世界，里面有艺术史、文化史、世界史、数学课程，应有尽有。可以说那是一本非常实用的百科全书，让你必须学习。我在那本书里找到了德语课程，你想象一下，一个十岁的农村小孩学习德语。后来我又学习了绘画课程，我开始用木头做画架。我奶奶常说："这孩子

疯了，又在捣鼓什么呢？"她总是说我捣鼓很多东西。我去当兵时，她对我说了好几次，"不行，孩子，你不适合当兵，你这么爱捣腾，会惹出麻烦的，你总有自己的一套。"她很了解我。小时候，我对照着百科全书上的讲解，用一些钉子做了一个画架。我先是照着书上的讲解画画，后来就不再照着书本画，不再按照既定的模式，而是从大自然中取材，我就学会了什么是静物写生。有一天，祖母看见我拿着一个吃饭用的紫铜盘子，那是我们家为数不多的盘子，里面放着一个柑橘，她问我："你又在捣鼓什么呢？"我说："这是静物写生，奶奶。"她对我说："这可以挪来挪去啊，怎么是静物呢？"我以前画过香蕉，我甚至能凭记忆画出小时候画过的东西。有一天，我到街上去找角度，我现在几乎可以准确无误地画出祖母的单坡屋顶房子，很老的房子，就像是紧急情况临时住的房子一样。我会画篱笆，用木板并排搭成的篱笆，还会画树枝，倾斜着给马路上留下一片绿荫。也就是说，我最初的梦想是画画，成为一名画家，十几岁到了首都之后，我还在学画画，开始学习绘画艺术。现在我也画，目前就正在画一幅画，但我时间不多。后来我没有继续学绘画，可以说我更像是一个业余画家，自学成才。

乌戈·查韦斯的另一个爱好是棒球，他从很小就开始打棒球。与绘画不同的是，这项运动把他带到了一个意料之外的地方。委内瑞拉总统讲述了这个故事：

至于棒球，我小时候曾在萨巴内塔市打过，但用的是橡胶球和番石榴树枝做的球棒。在巴里纳斯州，我开始在协会里打棒球。我一直不断训练，很喜欢棒球，其实我很擅长运动，喜欢跑步，跑得还很快，他们都叫我"飞毛腿"。我不再学画画后，放学就会去几个街区外的体育场，第二个梦想就是成为一名棒球运动员。一切都很顺利，我也很认真在训练，后来我还弄到了教学手册，开始研究球的旋转理论，边学边练。那是在1969年或1970年，我还参加了全国锦标赛，而且表现得很不错。我太热爱棒球了，为了打棒球让我干什么都行，让我不带降落伞从飞机上跳下去都行，那大概就是青春的激情吧。打棒球是我孜孜以求的梦想，但过程中也经历了悲剧。我的偶像是一个名叫伊萨亚斯·查韦斯的年轻人，他与我同姓，但没有血缘关系。他当时22岁，已经进入了大联盟。人们叫他"鞭子"，因为他投球时就像鞭子一样有力。我就说："我想成为'鞭子'查韦斯那样的人。"一个星期天，我记得我起床后打开收音机，突然我听到了一则突发新闻，"爆炸性新闻：飞机坠毁。委内瑞拉国际航空公司的一架飞机刚刚在马拉开波的萨鲁马街区坠毁，无人生还，乘客中有'鞭子'查韦斯。"对我来说，世界就像被闪电击中一样，戛然而止，我好几天没去上学。我画了一张他的肖像，贴在了床头，还祷告了一番，具体内容不记得了。我对自己发誓，必须沿着"鞭子"查韦斯的路走下去，但后来被迫事与愿违。我们家很穷，父亲没钱让我去大城市学习，我们在加拉加斯、马拉凯和巴伦西亚都没有亲戚。我之所以提这些城市，是因为只有这几个地方有职业棒球比赛。父亲告诉我，他们没有办法供我去马拉凯或加拉加斯，只能让我去梅里达，去安第斯山上的一所大学，我哥哥亚当当时就在那里读书。那一刻我明白，我只能去梅里达了，而且那里没有职业棒球比赛。突然有一天，一位中尉来莱索托演讲，我在最后一刻决定去听，坐在我的朋友们豪尔赫·拉米雷斯、切洛·罗德里格斯还有路易斯·雷耶斯旁边。听完后，我对中尉演讲的内容很感兴趣。为了能够去大城市，我参加了进入巴里纳斯军营的考试，去了郊区一个叫塔巴卡雷的堡垒里考试。我通过了考试，父亲之前对此一无所知，他没有反对，但母亲不想让我去。后来我坚持去了加拉加斯，也参加并通过了考试。1971年8月8日，我记得是个星期天，我进入了军事学院。我本打算是在那里待上几个月，然后在11月申请退伍，因为我是自愿入伍，不是强制性的。我打算交些朋友，在加拉加斯找个落脚的地方，争取注册一个大学，离职业棒球队更近一些。当我第一次来到射击场打了第一枪时，他们把步枪放在我的肩膀上，戴上头盔，我们一起唱道："啊，我的祖国，我亲爱的祖国，我要上战场为你而战。"我们还合唱国歌，我看到国旗就会想起我的童年和《三色》杂志，我突然对自己说："这就是我要干的事业，我要做一名军人。"

直爽

巴里纳斯州查韦斯家的一位邻居带我们看了委内瑞拉总统小时候的房子。她说:"乌戈出生时,我十岁,我和他、他父母和他们家所有孩子,包括亚当、阿尼瓦尔,都是非常要好的朋友,我们的友谊很美好。他们家很穷,乌戈的父亲是一名教师,但当时教师的收入并不高。他奶奶喜欢自己做糖果,为了赚钱点,她制作糖果,然后孙子们就拿出去卖。奶奶性格很直爽,有脾气,他也是这样,他一直都是个直爽的人。"

查韦斯当下就决心做一名战士,而不是棒球运动员。他有没有后悔过这个决定?他有没有想过自己的未来应该在大联盟?查韦斯说:"不,我不后悔,我感谢上帝,感谢生活。你看,一个梦想引领我走向另一个梦想,而这个梦想又引出了另外一个。几年前,记者伊格纳西奥·拉莫内特告诉我,有人说我进入军事学院时就已经被渗透,已经是共产主义小组或切·格瓦拉运动的成员。所有这些都是谎言,还有人说我是夹着切·格瓦拉的书进军校的。于是我对拉莫内特说:'你可以说这是假的,但你也可以说,四年后的1975年7月5日,我是拿着步枪,胳膊下夹着切·格瓦拉的书,以少尉的身份从那里走出来,这是真的。'那时我已经成长为有反叛精神的士兵,信仰玻利瓦尔,我也已经明白,作为一名战士,手持一把步枪,必须对得起这身军装,必须参与到历史的洪流中。那时我刚满21岁,但我已经有认知了,离开军事学院时心中已经有了理想。"

乌戈·查韦斯说，他离开军事学院时腋下夹着一本切·格瓦拉的书，但他是如何接触到马克思主义文献的呢？如何接触到菲德尔·卡斯特罗和社会主义的书的呢？他是这样说的，"在青春期的那几年，人就像有了新的生命，开始觉醒，会交往第一个女朋友，梦想变得更加可及，而且是在60年代那个神奇的年代，有披头士、滚石、法国五月革命。我成长的巴里纳斯市历来充满着文化气息，孕育了诗人、知识分子、历史学家和游击队员。因此，在那个充满文化气息的诗人之乡，我遇到了一位伟大的诗人。他叫何塞·埃斯特万·鲁伊斯·格瓦拉。我们是邻居，他也来自农村，他那时有一定的年纪了，有自己的孩子，我和他的孩子们成了好朋友，其中一个叫弗拉基米尔·伊利奇·鲁伊斯·蒂拉多，他的妹妹叫塔尼亚·马克思列宁，不是马克思和列宁，而是马克思列宁，所以你可以看出这位父亲多么信仰共产主义。于是我经常去他家，有一天跟他交谈了起来。跟他说话并不容易，因为他一直在堆满书和报纸的房间里与打字机为伴，我也是慢慢才进入他的书房的。我至今还保留着从他的书房拿的一些书，第一本就是俄罗斯理论家格奥尔基·普列汉诺夫的《论个人在历史上的作用问题》，我一口气给读完了，现在还保存着。"

查韦斯告诉我，他经常和鲁伊斯·格瓦拉的儿子弗拉基米尔一起出去跳舞，还有另一个男孩姓布斯塔曼特，也叫弗拉基米尔。布斯塔曼特非常激进，他说："我从不和意识形态不一样的女孩跳舞。"乌戈说："我没问题，我去看看有没有哪个资产阶级女孩愿意跟我跳。"正是在这群朋友中，查韦斯开始阅读革命思想著作。

掌权的军人

查韦斯有一本个人日记,可以通过这本日记了解这位想成为画家和棒球运动员的士兵如何成为国家总统的。士兵查韦斯是什么时候开始认为有必要改变政府制度的?又是什么时候认为需要掌握权力的?他说:"最近,出现了一本日记,它之前一直在我的一位前女友手中,我和她有过几年的感情,那时候很爱她,她保存了我的许多文件。在那本日记中,有一天我写道:'今天我们跑步了,不知道跑了有多远,然后在田野里投掷,还参加了数学考试。下午,我们去院子里向新总统致敬。我们等了大约三个小时,他最后终于来了。'小纸页上是这么写的,当时的总统是卡洛斯·安德烈斯·佩雷斯,他刚刚上任。那天是1974年3月12日,是升国旗的日子,也是总统就职的日子。那天我写道:'有朝一日,我想执掌伟大的玻利瓦尔的祖国。'这是我第一次想到要当总统,至少是我记忆中的第一次。当时我看到一位总统从那边走过来,我们在向他致敬。"

仿佛是命运织机上一条交织着矛盾与宿命的经纬线,亦或是历史长河中一个耐人寻味的悖论篇章,那位激发乌戈·查韦斯内心深处对于总统职位炽热憧憬的人物,恰恰正是查韦斯早年起义行动中矢志推翻的对象。1992年,"玻利瓦尔革命运动-200"试图推翻佩雷斯。查韦斯领导的政变失败了,他最终入狱,并在狱中度过了两年,直至拉斐尔·卡尔德拉总统赦免了他。乌戈·查韦斯讲述了那段往事:"就在这座城市,有一天我和我的营队起义,在那个拐角后面。"他指着那里接着说,"那就是老军营,我心爱的军营,我一直在那里待到了1992年2月3日。那天晚上，我们走高速公路前往加拉加斯。"

我问他为什么说那次尝试失败了，他回答说："没有失败，我们现在在这里呢。"我说就算没有失败，那么起义军为什么没能掌权。查韦斯分析道："任何一个有理性的人权衡各种相关因素进行概率计算，都会得出一个结论，那天早上成功的概率几乎为零。我记得路易斯·雷耶斯对我说：'乌戈，我们不能再等几个月吗？因为空军还没有准备好。'来自卡韦略港的海军其他同志跟我说：'乌戈·查韦斯，我们再等等。'但是不能等，孩子要出生了，你怎么能阻止他出生呢？当然，从严格的军事角度来看，甚至从政治角度来看，从零到一百的概率，我认为是0.1。我们真的做了一件不可思议的事，我们没有手机，没有一分钱的支持，了解情况的政党和领导层都在最后一刻退缩了，本来说好有群众会组织好参加，但他们也没有出现。"

在谈话中，查韦斯多次讲到他奶奶的轶事来说明他的观点，"你知道我奶奶常说什么吗？当周六或周五开始下雨时，我带着棒球手套，我会说：'看，下雨了，比赛打不成了。'说这话时我心里非常不爽。然后，她平静地坐在椅子上对我说：'现在这样最好。你肯定要输，所以不打比赛，你就不会输，否则你可能会被哪个球击中呢。'所以在1992年，我深信发生的事情就是必须经历的，它是革命运动的必经阶段。当时并不具备成功的条件，但我们在墙上凿开了一个洞。正如有人说的，我们把导弹打进了船的水线。"

在起义失败的第二天，他是真的被这种乐观的想法所笼罩，还是他也觉得那是一次失败？乌戈·查韦斯直言不讳："第二天，我感觉自己死了。我记得当时我在监狱里，一位牧师来给我祝福，让我起身。他对我说：'起来，孩子。'我当时在想：'上帝啊，我都做了些什么，我的孩子们现在怎么办？'我当时躺在加拉加斯地下室冰冷的牢房地板上，然后他们给我送来了一份报纸，上面写着当天死去的所有人的名字。我也想死，我当时觉得自己已经死了。"

历经七载光阴的沉淀与蓄力，乌戈·查韦斯在一场备受瞩目的民主对决中傲然胜出，以无可争议的56.5%选票，力证其在民众心中的广泛共鸣。这一胜利时刻，不仅见证了查韦斯政治生涯的辉煌顶点，也完美兑现了那位昔日胸怀壮志、梦想成为玻利瓦尔式斗士的热血青年的愿景。此刻，他已然荣登委内瑞拉玻利瓦尔共和国总统之位，实现了从理想主义者到国家舵手的历史性跨越。

演讲

查韦斯就任总统已有十年。当时，他最广为人知的特点之一就是无人可及的演说能力。在这里，在马拉凯市的老射击场，我见证了这一点。我问他，他们所说的"21世纪社会主义"是什么？有哪些意识形态元素？有何影响？"21世纪社会主义"在拉丁美洲有何特质？与传统社会主义有何区别？是否只能在一个国家实现？乌戈·查韦斯开始了他的演讲：

这个问题很复杂，也是我们今天面对的一项挑战。我曾经说过，在我看来，基督是一位伟大的社会主义者。我认为玻利瓦尔的思想中有亲社会主义成分，可以看到社会主义的影子。西蒙·罗德里格斯无疑是一位社会主义者。我们斗争的根源是什么，我们已经不再是军事斗争。同样我是一名战士，但不再是拿枪的战士，而是思想和斗争的战士，这是一场革命性的、意识形态层面的、人民广泛参与的斗争。毫无疑问，这其中蕴含着深刻的基督教内涵，但不是基督教狂热主义，完全不是。当我还在军校上学时，读了很多皮埃尔·泰亚尔·德·夏尔丹的书，其中一本叫《进化论、马克思主义和基督教》的好书，通过这本书我明白了基督教和马克思主义携手走过了几个世纪，我成了查尔丹式的基督徒。

"安东尼奥·何塞·德·苏克雷具有亲社会主义思想。苏克雷说过一句话，'当美洲人民为独立而战的时候，他们心里知道这也是为正义和平而战'。自由与平等是不可分割的。苏克雷给原住民分配土地，收留贫困儿童，开办学校，修建道路。玻利维亚之前有海岸的时候，第一个港口就是苏克雷建立的，叫拉马尔港，是以阿亚库乔英雄拉马尔元帅的名字命名的。早于卡尔·马克思半个世纪，玻利瓦尔说过这番话，而且我认为他比卡尔·马克思本人说得更清楚。他说：'我们人类天生在才华、气质、性格、智慧和品德方面是不同的，不一样的。'但之后社会、政府、法律、教育、艺术和科学将人类置于一种平等之中，一种他称之为虚构的平等状态之中，也就是政治平等和社会平等。半个世纪后，马克思说，社会主义尊重的不是相同而是不同。我们都是不一样的，你和我不一样，女人和男人不一样，阿根廷人和委内瑞拉人不一样。马克思说，社会主义尊重人类天然的差异性，并通过社会将大家整合在一起，承认多样性，但互相之间是平等的，就好像马克思读过玻利瓦尔的书一样。社会主义在促进人的发展时，尊重人与生俱来的差异。如果有人想让所有人思想都一样，希望你和我想法完全一样，那是不可能的。"

"因此我认为，社会主义不仅源自20世纪，也源自1世纪，源自基督。'贫穷的人是有福的,因为天国是他们的'，'让骆驼的尾巴穿过针，都比富人进天堂还容易'，'虚伪的法利赛人，洗净了杯子的外面，却留下了里面的污秽'。圣经里《登山宝训》中说，'你们饥饿的人有福了,因为你们将要饱足'。基督在圣殿里用鞭子驱赶商人。这就是革命者们追随的基督。所以，社会主义就是从那里来的。在基督之前，先知以赛亚说：'那些占一块地，占一块、一块又一块地的人有祸了，那些占一座房，占一座、一座又一座房的人有祸了，他们让别人没地没房，他们有祸了。总有一天，他们会受到正义的鞭笞。'"

"当然，正如大家所知道的，科学社会主义诞生于19世纪，创始人是卡尔·马克思、弗雷德里克·恩格斯。在20世纪，列宁在理论和实践上都做出了贡献。还有很多人都做出了贡献，包括罗莎·卢森堡。在拉丁美洲，在我们美洲，继玻利瓦尔之后也出现了科学社会主义，就是何塞·卡洛斯·马里亚特吉，然后是切·格瓦拉和菲德尔·卡斯特罗。伊格纳西奥·拉莫内特问过菲德尔一个问题，'你在发动革命时犯过什么错误？'菲德尔回答说：'在发动革命时犯的一个错误就是以为有人知道如何建设社会主义。'其实没有人知道，必须自己发明创造。马里亚特吉说，我们的社会主义，拉丁美洲的社会主义，印第安美洲的社会主义，不应该是复制或抄袭，而应该是英勇创造。它必须是创造出来的，20世纪最大的错误之一就是试图复制模式，例如苏联模式。早在1963

年，切·格瓦拉就在阿尔及利亚指出了这一点。他说，苏联将会结束，并且演变为资本主义。苏联解体了，没有一个工人站出来捍卫它。"

"21世纪的社会主义是一种创造，但它必须建立在理论和科学基础上。这就好比你我想在这里用水建一栋楼，可能做到吗？有可能，这取决于条件和温度，但这是可能的。然而有一些原则是根本性的，如果它是用水做的，你就不可能用沙子或者稻草来盖这栋楼。我们必须重新研读辩证唯物主义、历史唯物主义、阶级斗争的学说，以及马克思在《资本论》中提出的所有关于阶段和过渡的理论。"

社会主义是什么

一位身穿绿色衬衫的男子在车里向我们讲述了他对查韦斯提出的社会主义的看法："社会主义就是人人平等。大家可以拥有自己的小企业、微型企业。我们可以享受平等，而不是像资本主义那样，只有有钱的人才有权力。现在，查韦斯建立了许多合作社和微型企业，可以享受良好的信贷条件，得到大量的帮助。反对派一直都是资产阶级，但他们人数很少。他们确实编造了许多无稽之谈和乱七八糟的说法，但他们并不会挨饿。这里的反对派是富人，我们穷人支持查韦斯。"

"简而言之，我认为社会主义世界有五条战线。我有一种战略思维，这种思维受到了战争科学知识的启发。卡尔·冯·克劳塞维茨说过，'战争是政治通过其他手段的延续'。那么，如果甲等同于乙，那么乙就等于甲。我也可以这样说，政治是战争通过其他手段进行的延续。因此，我认为反对资本主义、发展社会主义有五条战线。首先，最重要的是道德和精神战线。当社会主义者不是形式上说说这么简单，说'要么祖国，要么社会主义，要么死亡；我是社会主义者'很容易，但是你首先要审视一下自己。如果一个人没有社会责任感，不能抛开利己主义和个人利益，他就不是一个完整意义上的社会主义者。如果一家工会声称信仰社会主义，但只关心自己工会的工资诉求，不去捍卫其他私营企业劳动者的利益，那就是自私的，就不是社会主义者。因此，道德斗争是根本，它是第一条战线，必须渗透到所有其他战线，就像血液必须流到指甲里一样。"

"另一条战线是政治战线，就是民主，但不是资产阶级自由民主，而是人民为主角的民主，建立人民政权。匈牙利哲学家伊斯特万·梅萨罗斯说过：'要通过评价政策的影响力来衡量社会主义的成就，要看是否取代了资本主义模式遗留下来的想法和等级制社会分工模式。只有通过真正民主的社会管理机制和普遍的自我管理，才能超越这种社会分工模式。如果做不到这一点，社会主义就不完整，就会像只有一条腿的桌子一样。社会主义是民主的，要么它就不是社会主义。社会主义是人民政权，但不是资产阶级民主，我们不能掉进这个陷阱里。"

"然后是经济战线，经济权力必须民主化，经济权力必须移交给人民。要重视生产要素，重视政府的作用，特别是在战略性经济部门的作用，同时私营部门要服从总体规划、国家宪法、法规条例和总体利益。资本主义倡导自由的市场，这是一个谬论，自由的市场并不存在，没有一个市场是自由的。他们只是想把自由市场的理论和美洲自由贸易区强加给我们，所谓的美洲自由贸易区已经被我们否决成为历史了。市场是客观存在的，这不容否认，否认它就像否认月亮的存在一样。那么，要建设什么样的市场？在社会主义模式中，自由市场的理论必须被打破，或者说被推翻。说什么'看不见的手'最终会解决一切问题，这是几个世纪以来人们听到的最荒诞的说法之一。不可能，市场必须是受监管的市场，而且不仅仅是通过法律来监管，还需要由政府监管，而这个政府不是资产阶级的政府，是什么样的政府呢？比如在委内瑞拉，我们正在解散由资产阶级和小洋基佬控制的旧的资产阶级政府，正在建立一个新的政府，一个革命性的政府。因此，就出现了巨大的冲突。你可以看看今天的报纸，昨晚的电视，每天我们都在战斗。直到几年前，资产阶级还不纳税，银行不纳税，大型电视频道和公司、广播电台、报纸或大型进口公司都不缴纳关税，不缴纳任何税款，都是靠石油收入在运转。在这个国家，财政部长听资产阶级的，财政部长或央行行长甚至不是政党任命的，都是由资产阶级任命。现在情况不一样了，现在这些岗位都是由政府任命的，而我们的政府也不是专为资产阶级服务的。我的政府的财政部长是谁？阿利·罗德里格斯·阿拉克，共产党员，老游击队员，马克思列宁主义者，诚实谦逊，是一位伟大的战士。我们可以构建一个社会主义市场，私营部门也是其中一部分，但不包括那些囤积粮食以高价出售的人，那些囤积车辆以转售的人，也不包括那些向哥伦比亚或加勒比走私粮食的人，那些都不叫市场，他们是黑手党、是罪犯。所以如果你是一个私人生产者，你在这里有一个庄园，你在庄园里种植玉米、可可，你可以养牛，搞生产，尊重你雇佣的工人的权利，而不是把他们变成奴隶，你付给他们合理的工资，不低于政府规定的最低工资，给他们交社保，总之，你让他们有尊严，把他们当人看，不奴役他们，那么你就是受欢迎的。为此，必须有一个革命性的政府，社会主义政府，社会主义市场。"

"第四条战线则是社会战线，构建马克思主义意义上的平等社会。按照玻利瓦尔所言，我们是不同的，但我们必须创造条件，构建政治平等和社会平等，构建社会主义社会。在这个社会中，我们所有人都享有同样的权利，承担同样的义务，社会阶级的严重分化也将结束。正如玻利瓦尔所说，这是一个道德社会。在这个社会里，玻利瓦尔的宣言可以实现，那就是'道德和教育是我们的首要需求'。我们会是一个自由的民族，一个有文化的民族。"

"排在第五位的这一点也许很难说清楚，但是我也要谈一下，就是领土问题。有些人认为，地理是一门几乎死气沉沉的科学，我们学习地理都是被强迫的。实际上地理是有生命的，还有什么比那边的山更有生命力呢？虽然它看起来一动不动，但它是有生命的，这就是激进地理学的观点，包括激进地缘政治学。150年前，艾茨奎尔·萨莫拉说过："土地和自由的人。"很明显，不理解空间的话就无法理解时间！必须考虑空间因素。比如我们一直坚持开展地缘政治合作，也就是加拉加斯和布宜诺斯艾利斯之间的一体化合作。这是南美框架内的问题，超出了委内瑞拉的领土范围，如果我们就委内瑞拉国内谈激进地理学的话，我也可以举一个例子。我们现在位于阿拉瓜州，从加勒比海岸一直延伸到整个山谷，也就是阿拉瓜山谷，穿过塔卡里瓜湖，然后进入热带草原的中心地带，是一个很长的州。我们得在一个地区或者此地区的框架里看待阿拉瓜州。要在阿拉瓜州建设社会主义，就必须将其与瓜里科州的土地革命联系起来，必须将农业用地与工业发展联系起来，这样才能促进农工革命。换句话说，这就是领土层面的战线。"

"还可以增加第六条战线，即国际战线。在拉丁美洲是否可能仅在一个国家实现社会主义？我认为不可能仅在一个国家实现革命性的变革。有人可能会说：'查韦斯正在进行模式输出'，不是的，这不是输出，这是孕育而出的。委内瑞拉被封锁，古巴也被封锁了半个世纪，他们陷入了极端严峻的生存困境。然后迎来了委内瑞拉革命，委内瑞拉在2003年举起了社会主义旗帜。这是一场玻利瓦尔革命，革命之初并没有把它定义为社会主义革命。但面对帝国的攻击、我们自身的成熟以及一些内部的冲突，从2003年我们举起了社会主义的旗帜。我们不断调整，如今我们是一股真正的社会主义力量。现在，我们意识到，如果没有国际伙伴，这一进程是不可能实现的。我指的伙伴不是如今已经不存在的遥远的苏联，也不是走自己特色道路的遥远的中国——中国目前已经是我们的伙伴，我指的是拉丁美洲和加勒比地区的地缘政治合作。这也符合玻利瓦尔的思想，也是玻利瓦尔思想中在当下最有共鸣之处。玻利瓦尔说过：'如果我们不呼吁秩序和联合，我们将给后世留下一个新的殖民地。'圣马丁说：'让我们自由，其他的都不重要。'我们的庇隆将军说过，'21世纪，我们要么团结，要么被他人控制'。之前我们不团结，被他人控制，现在我们正在团结起来。看看他们之前是怎么毁掉我们与阿根廷的关系的，就是阿根廷和委内瑞拉的资产阶级破坏了两国的关系。国际上有人想打破阿根廷政府和委内瑞拉政府之间坚不可摧的关系，和巴西也是这样。每个国家都有自己的道路。众所周知，巴西没有举起社会主义的旗帜，阿根廷政府也没有，但我们对此表示尊重，每个国家都有自己的道路，都是在本国可行框架内选择的具有本国特色的道路。科雷亚举起了21世纪社会主义和玻利瓦尔主义的旗帜，埃沃·莫拉莱斯也举起了21世纪社会主义的旗帜，提出了印地安原住民社会主义。丹尼尔·奥尔特加建设的是社会主义，菲德尔·卡斯特罗和劳尔也是，我们建立了美洲玻利瓦尔替代计划。这实际上是一场运动，是我们这些国家和政府在地缘政治和社会主义领域开展的一场运动，是一场劳动者的运动，因为我们不仅是总统，也是劳动者。丹尼尔·奥尔特加背后有一段历史，一个民族。菲德尔和劳尔的背后就更不用说了。在科雷亚、埃沃、曼努埃尔·塞拉亚和我们的身后是谁，是人民。"

乌戈·查韦斯关于21世纪社会主义的演讲结束了，但对话仍在继续。

查韦斯活着

20世纪90年代末乌戈·查韦斯已经当上了总统，当时本地区主要还都是上个世纪的那些总统们。他回忆说："在所有的右翼总统中，只有我一个另类。他们都在合唱新自由主义颂歌，我就像一只丑小鸭，格格不入。在会议上，南美各国总统忧心忡忡，因为卢拉在大选民调中表现出色。我能听到他们说：'小心，当心卢拉赢了。'他们那些人和美国都知道拉丁美洲暗流涌动，尤其是南美洲，所以他们在委内瑞拉针对我搞了政变。"

2002年4月，乌戈·查韦斯被企业家佩德罗·卡尔莫纳推翻。两天后，他在武装部队的反政变行动中复职。委内瑞拉总统回忆起那段时光："美国在几个拉丁美洲国家政府和跨国公司的帮助下，想要谋杀我和这场刚刚开始的革命。我们的革命还只是一次尝试，刚刚诞生，还是一个刚刚出生、露出头的孩子。他们想在卢拉赢得巴西选举之前先杀掉我。马拉凯、加拉加斯和其他许多城市的人民，他们英勇地站了出来。但在这里，人们走上街头，和伞兵站在一起，他们高声呼喊，就像午夜抓住我的图里亚莫基地的部队一样。他们本想向我开枪，但士兵们拒绝杀我。在准备好赴死时，我想起了伟大的阿根廷人切·格瓦拉。那是一个凌晨，我看到一颗星星，海水拍打着我的后背，波涛汹涌。我背对着大海，一队士兵朝我走来，当时很黑，我对自己说：'我要走了，我走了。'但我想：'切·格瓦拉在被杀时受了伤，还坚持站着。我都没有受伤，情况好得多。'切·格瓦拉站起来对凶手说：'现在开枪吧，让你看看一个真正的人是怎么倒下的。'我说：'我必须这样站着死去，我不能祈求怜悯，也不能让人看到我被吓倒了。'我已经做好了死的准备，在黑暗中，在那个午夜，从黑漆漆的山里走出来一些士兵，他们不知道我是查韦斯。突然，士兵们看到是总统在那里，于是他们走过来，一个人说：'如果杀了这个人，我们都得死在这里。'就在那时，我死而复生，确实我已经死过了。我的死是下了定论的，是华盛顿下的定论。"

在讲完这个故事后,查韦斯告诉我,他那天完成了菲德尔·卡斯特罗给他下的命令。我不知道这命令是怎么回事,于是请他告诉我。查韦斯说:"前一天晚上,我在观花宫,当时已经被控制了,菲德尔设法跟我联系上了。我不知道他是怎么和我联系的,手机无法使用,线路也被切断了,我不知道菲德尔是怎么做到的,但他做到了。然后他对我说:'我不清楚你准备怎么办,但是查韦斯,你不是萨尔瓦多·阿连德。'他几乎是在命令我,跟我说,'查韦斯,你今天不能死,你想做什么就去做,但你今天不能死。你的人民在这里等着你'。"

近年来,拉丁美洲这片广袤大陆上的各个国家,尽管各自秉持独特的文化传统、国情特色与政治生态,却在新的时代背景下展现出前所未有的团结意愿与协作精神,共同致力于实现一系列共享的发展目标。这一崭新态势,与上世纪90年代盛行的新自由主义浪潮所带来的割裂与依附状态形成了鲜明对比,标志着地区一体化进程进入了一个全新的阶段。在那个新自由主义如日中天的时代,许多拉丁美洲国家在经济全球化的大潮中迷失了方向,主权被削弱,国家身份在过度依赖外部资本、市场规则强加以及结构调整政策的压力下遭受侵蚀。可以说,当下的这一进程在15年或者20年前是无法想象的,那么它具体是怎样的?查韦斯表达了自己对于身份认同的独特见解:"我坚信,我不仅是一位委内瑞拉公民,同时在精神上亦与阿根廷血脉相连。倘若我的这一表述令任何阿根廷同胞感到被冒犯,我表示抱歉。然而,我坚信每一位阿根廷人同样应当意识到,他们不仅属于阿根廷,也与委内瑞拉同根同源,因为我们所追求的,绝非分割的疆域,而是一个紧密团结、命运共融的大洲家园。在拉丁美洲这片广袤的土地上，要么我们拥有一片共同的、融合了多元民族精神的广袤祖国，要么我们就什么都不是，在拉丁美洲没有空间满足我们狭隘的民族界限。"

2010年对于委内瑞拉、阿根廷以及众多拉丁美洲兄弟国家而言，意义非凡，因为我们将迎来建国二百周年的盛大庆典。这不仅是对两百年前那场英勇卓绝、旨在挣脱殖民枷锁、赢得国家主权独立的伟大斗争的庄重致敬，更是对先辈们不屈不挠精神的缅怀与传承。然而，当举国欢庆之余，人们不禁要问：历经两个世纪的沧桑巨变，拉丁美洲这片富饶而多姿的土地，还有哪些未竟的事业等待着我们去完成，去书写新的历史篇章？查韦斯说："独立，这就包含了一切。如果你跟我说有一百项事业，我会说它们是围绕在'独立'这个中心周围的。何塞·马蒂在1780年曾说：'独立的根本不在于形式的改变，而在于精神的改变。'当我们谈论精神的改变时，我们谈论的首先是整体的变化，其次才是形式的变化。因此，我们离独立还有很长的路要走。庇隆提出过第二次独立，我一直支持庇隆主义，但我更愿意说我们追求的就是独立，而非第二次独立，我们要不断思考和找寻，目标就是独立，就是我们从未实现过的独立。"

仿佛大家都不赶时间，我们已经与委内瑞拉总统交谈了几个小时。会谈即将结束，我问他现在的梦想是什么。"现在？"他问。"是的，就是现在。"我告诉他。查韦斯想了想，然后说："我的梦想不再是我的梦想，我真的觉得我并不属于我自己，我的生活也不再是我的生活，我什么都没有。有人指责我，说我想一直当总统、把权力控制在自己手里，但其实我什么都没有，不管是我自己还是我的时间都不属于我。但我确实希望让人民能够掌权，所以我的梦想不是我自己的，而是人民的。这样就能结束寡头政治的权力，他们用我身上的这身制服，用子弹把自己的意志强加给人民。所以，我的梦想不是我的梦想，而是拥有一个社会主义祖国。正如豪尔赫·路易斯·博尔赫斯所说，我的梦想是祖国恒在。"

在我们交谈的过程中，乌戈·查韦斯的一个女儿聚精会神地倾听，旁边还有查韦斯年仅十二岁的孙女。我向查韦斯总统抛出了最后一个问题：未来的人们将如何评价他作为国家领导人期间的表现？他的孙女在长大后，又会听到世人如何描述她的祖父？面对这个问题，查韦斯总统神情坦然，流露出对历史评价的超然态度。他首先提及孙女已步入少年之龄，孩子们也都已长大成人，他们对作为祖父与父亲的他有着真实的认知，对此，查韦斯并无过多忧虑。当谈到自己希望在历史长卷中留下何种印记时，他引用了南美解放者何塞·德·圣马丁的名言，语气中充满了对崇高理想的执着与对个人得失的淡泊："如同圣马丁所言，'让我们的人民获得自由吧，除此之外，我别无所求，哪怕这其中包括我自身的安危与声誉'。"查韦斯总统的话语中透露出，他最关切的始终是祖国的福祉、人民的自由以及社会主义理想的弘扬与践行，这些远超个人荣辱得失，成为他毕生追求的价值导向与精神支柱。

译后记

初拿到这部作品，忍不住翻到乌拉圭总统巴斯克斯的部分。2017年巴斯克斯总统访华时，我曾有幸为其提供几天的翻译服务，他为人亲和谦恭，令人如沐春风，因此不禁想要多了解他的生平。的确，本书中也多次提到，巴斯克斯总统朴实谦逊，亲切简单，与我接触时的感受完全相同，这也让我更加坚信作者精准地把握和呈现了每位采访对象的特质。

在翻译这部作品之前，我每次与菲尔穆斯先生见面，都是在他作为阿根廷科技创新部部长参加科技领域的双多边会议上，让我感觉到一个出色的政治家的风采，而在本书中我则领略到菲尔穆斯先生的人文造诣。在翻译过程中，我发现菲尔穆斯先生的提问富有巧思，他用合理的结构，细腻的视角，不仅向读者展现了每位领导人的治国理念，也让大家有机会了解他们的个人特质和成长过程。

每一位走近拉丁美洲的朋友或许都深爱着这片大陆，这里物产丰富，文化多样，无论是自然风光还是人文内涵都极具魅力。但是同样，每一位了解拉丁美洲发展进程的朋友，当想到它曲折的历史和一个又一个"失去的十年"时，或许也都会眼中噙满泪水。拉丁美洲一路走来经历了什么？拉丁美洲之殇的根源在哪里？拉丁美洲需要什么样的治理模式？大家或许可以从本书中、从菲尔穆斯与拉丁美洲各国总统的对话中找到一些答案。

译后记

无疑，拉丁美洲的问题是复杂的，但是我们可以看到，每位总统都有着深刻的思考，也都交出了自己的答卷。这片大陆上不缺乏领袖，就像书中尼加拉瓜年轻人所说"奥尔特加是百年难遇的传奇人物"，查韦斯有着"无人可及的演说能力"，卢拉、阿里亚斯甚至能在离任十多年后再次在大选中获胜。在与左翼、中左翼总统的对话中，我们可以看到这些领导人对捍卫主权、消除贫困、在国际舞台上发出拉丁美洲声音的渴望，以及他们为摆脱美国"后院"身份所做出的努力。阿根廷总统和巴西总统为谁和美国总统关系更好而争论不休的年代已经成为了历史。

如今，21世纪的前四分之一即将过去，国际形势更加纷繁复杂。拉丁美洲作为全球南方的一部分，能否深入参与全球治理，反对霸权主义和强权政治，也会对世界格局和秩序产生深刻影响。在这一背景下，阅读本书，我们能够了解本世纪初拉丁美洲国家领导人的所思所想和所作所为。同时，因为他们来自社会不同领域和不同阶层，比如有工会运动和原住民运动的领导人，有知识分子，有军人，有经济学家，有医生，有牧师，但却抱持相似的治国理念和民族情怀。我们由此可以看到一个立体的拉丁美洲，一个全方位的拉丁美洲。

最后，特别感谢中国社会科学院拉丁美洲研究所研究员郭存海老师对本书译介和文字润色提供的指导和帮助，感谢五洲传播出版社的支持。囿于语言水平，书中或有疏漏或错误之处，敬请指正。

丁波文
2024年9月于北京